人間社文庫‖日本の古層①

天白紀行

増補改訂版

山田宗睦著

JN151163

人間★社

・本書は〈天白紀行〉（中日新聞社、一九七七年一月六日〜三月一九日）を底本として使用し、著者加筆修正により誤字・脱字・誤用と思われる個所を正すとともに、読みやすさを考慮して漢字・かな遣い、句読点等を整理しました。
・人名・地名・団体名などは新聞連載時のままとし、適宜（　）に現在の地名・呼称等を表記、また一部に註を〔　〕に補いました。
・文庫本化するにあたり「14 井伊谷」を新たに加えました。
・本文に大きく補筆した部分は、「▼追補」として字体を変えました。
・写真については、文庫本化するにあたり、新たに撮影し、必要に応じて図版を補いました。

◉目次

天白紀行

増補改訂版

1
序論―天白とは

テンパコ？テンパコ？――風の神とか田畑さまとか

天白はふつうテンパクと読む。天伯、天魄とも書き、土地によってはテンパコともいう。天縛、天獏、テンバクにもなる。

このふしぎな名前の神に、わたしは自分の居住地でゆきあたった。わたしは神奈川県藤沢市の「辻堂」に住んでいる。辻堂元町と言っているのが、もともとの辻堂ムラである。わたしたち新来の住民はその周辺に住居している。

転居してきたのはもう四半世紀〔今では六十数年〕も前のことだが、十年程住んで、「辻堂」の住民史をなにも知らないのが気になり出した。そこで辻堂元町を散歩がてらに廻《まわ》ってみた。

ここは旧鎌倉街道に面していて、義経逆さ竹などというものもある。たぶん例の腰越状

――兄頼朝に義経の無実をとりなしてくれるよう大江広元にたのんだ書状――にからんでいる。

そのころ〈道祖神〉に熱中していたのだが、辻堂にもそれはあった。旧鎌倉街道と十字になる道の交差点がムラの中心で、この十字路がのびたムラ境それぞれに、四つの道祖神がある。南が文字のほかは、東、西、北とも男女双体像である。

十字路の交差点に近くムラの鎮守、諏訪神社がある。また交差点付近のせまい空地に古ぼけた小祠があった。老人をつかまえてきくと、テンバコさまだという。なんの神さまかときいても「さあ」と言い、なんでも昔検地したときの縄《なわ》をここに埋めたそうだ、という。これがわたしの天白との出逢《であ》いである。このときの私はまるで気づいていないのだが、諏訪神社の傍に天白があった。

そのころ名古屋大学法学部教授だった信夫清三郎さんのお宅が、わたしの家の近くで、信夫さんが休みで帰ってくると、信夫夫妻〔奥さんは人民短歌歌人の澄子さん〕と、信夫宅に同居していた能批評の戸井田道三さん、〔今は亡き友鶴見俊輔さんがほめていた〕大衆文学辞典を作った真鍋元之さん、わたしで下手な麻雀《マージャン》をしたり、雑談をしたりした〔私以外、皆居なくなってしまった〕。戸井田さんは民俗学にもくわしい。

例のテンバコのことを聞くと、あれはたぶん天白で、柳田国男が風の神ではないかと言

辻堂の田畑神社

っている。辻堂のムラ人にもわからなくなっていて、もの知りとされている古老が、ほんとうは田畑《デンパタ》さまだと言っている、と教えてくれた。
二、三年たって行ってみると、小祠は真新しく建て直され、こんどは「田畑神社」の札がついていた。
そのころにはもうわたしも柳田説にあたっていたし、また新編相模国風土記稿ものぞいて、すでに江戸期から、辻堂に田畑神社の所在が記されていることも知っていた。ほんとうはデンパタさまだという「合理的」解釈は、もの知りの古老からはじまるのではなかった。江戸時代すでに天白は分からなくなっていたのである。

ついでに、通りがかりのムラ人をつかまえて聞くと、年寄りから青年まで、みんなテンパコもしくはテンパコだという。ムラ人はみなそう伝承していてデンパタとは言わないのである。

わたしの専門は哲学で、当時、名古屋大学文学部の哲学研究室に竹内良知さんや、経済学部の経済学史研究室に水田洋さんを訪ねることが多かった。そんなある日、名古屋市昭和区に天白町のあることを知った。気になっていたが、数年後、信夫さんの教え子で或《あ》る私立大学でわたしと同僚になった村上公敏さんが、自分で車を運転してつれていってくれた。あちこち探したが、べつに天白神社はのこっていなかった。天白川は名古屋港に流入している。川ぞいに上って下ったが、そこには何一つテンパクさまはない。

　ところが、道祖神をおって三河から伊那谷、諏訪と入っていくと、ほとんど天白の分布と重なっていて、かなりの天白神社にゆきあたった。岡崎にも、豊橋にも天白町や天伯原がある。そのうちとうとう名古屋市に天白区が誕生した。

　天白というのは、そもそもなんだったのか。それはどこから出てどこへ伝播《でんぱ》し、分布していったのであろうか。

（昭和52年1月6日）

天白の起源と分布――全国に三百余の社

　天白をさいしょにとりあげたのは、柳田国男である。明治四十三年に出版した石神問答で、ほんの少しふれている。山中笑らと柳田との往復書簡を編集した本で、候文である。現代文になおすと、だいたいこうである。

「天白の字については臆測の説が多い。天一太白の二星のこととし、天の太白という意味だとし、あるいは天来風伯神といい、あるいは天縛地福権現ともいう。けっきょくほとんどその解口すらえられない。ただこの神が古いことだけはうたがいがない。夫木集に西行が、梓弓春の日永の水の面に月すみわたる天白の橋、とうたった天白橋は、伊勢三重郡日永村にあり、国道の側にある（三国地誌）。地方によっては川天白とよぶ神がある」。

このときの柳田は主に「関東の天白社」と書いていたが、まもなく「この前お話した天白社は分布のひろい神だが、もしか風の神なのではないか」と書いている。

この本は、主にシャグジ（社宮司、佐久神）、道祖神などを対象にしていて、天白については、わずか右の程度で、柳田としても、ほんの推測でものを言っているだけである。それなのに、師を重んじすぎる民俗学系の人びとは、天白というと「風の神」で、その名は「天一太白」「天来風伯」「天縛地福権現」からきた、ときめてしまう。

この本をみていくと、柳田はときどき自分の思いつき、推測を誤りだったと、撤回している。たとえば「精進《しょうじ》」と「象頭《そうず》」とは同じ語音の転訛《てんか》と考えたのを撤回している。自分で気がついた誤りの他にもその可能性はあるわけで、天白を考えるとき、いつでも柳田の石神問答から出発するのは、悪いくせだと思う。

柳田ははじめ「関東の天白」と言っていたが、のちその分布のひろいのに気づいた。伊勢民俗学会の堀田吉雄「天白新考」（山の神信仰の研究、一九六六年）では、全国で一一二の天白社があることがわかった。その後茅野市で郷土の旧宮川村誌の研究から、シャグジ、天白、千鹿頭《ちがと》の神々を調査した今井野菊・大天白神（一九七一年）は、全国で三三〇ほどの天白分布を記録している。そのうち、五七％強が長野県(一九三)、二〇％が静岡県(六六)、一三％が三重県(三九)で、これでほぼ九割を占める。のこりの一〇％を、埼玉(一七)、愛知(一四)、山梨(二)、神奈川(二)、新潟(一)、岩手(一)がうめる。三渡俊一郎・謎の天白(一九八二年)の集計では、今井の倍近い六〇三に達するが、内訳は、五四・五％が長野(三二九)、一一・五％が静岡(六九)、一〇％が三重(六二)、六・六％が山梨(三四)、二・八％が埼玉(一七)、以上で九八・四％で、残りの一・四％を岐阜(五)、神奈川(四)、新潟(二)、山形(二)、岩手(一)、兵庫(一)がうめることになる。今井にくらべ、愛知(三河)がふえたが、大勢は変わらない。

この分布をみると、「天白神は信濃に源を発し、東は関東、東北に及び、西は伊勢、志摩にまで信仰圏を拡げたらしい」と、堀田が判断したのもむりはない。

しかし分布の濃密と、その起源とは、かならずしも同じではない。たとえば道祖神についていうと、双体像に限って、長野一四一七体、神奈川一〇七六体、群馬五四二体、静岡五三四体、山梨三五七体などが知られているが、道祖神信仰の起源がこの五県の内にあるとは言えない。

それはちょうど、大乗仏教の起源がインドなのに、それがもっとも普及したのが日本であるのと似ている。

1	三重県	39	
a	志摩	10	（7・9）
b	伊勢	29	（14・29）
2	愛知県	14	
a	尾張	1	（1・）
b	三河	13	（3・10）
3	静岡県	66	
a	遠江	47	（22・47）
b	駿河	19	（1・19）
4	長野県	193	（47・193）
a	信濃	193	（47・193）
イ	下伊那郡	15	（7・15）
ロ	上伊那郡	22	（8・22）
ハ	諏訪郡	33	（8・33）
ニ	東筑摩郡	13	（10・13）
ホ	北安曇郡	7	（2・7）
ヘ	更級郡	10	（1・10）
ト	北佐久郡	4	（2・4）
チ	小県郡	3	（0・3）
リ	上水内郡	86	（9・86）
5	山梨県	2	
a	甲斐	2	（・2）
6	新潟県	1	
a	越後	1	（1・）
7	神奈川県	2	
a	相模	2	（2・2）
8	埼玉県	17	
a	武蔵	17	（13・17）
9	岩手県	1	
a	陸中	1	（1・）

※ 括弧内の上の数字は堀田吉雄の、下のは今井野菊（の依頼で在地郷土史家・民俗学者）の調査であり、上下を総合したのが括弧の上の数字である。

文化の起源と分布というのは、大事な問題なので、もう少しいうことにする。生活の基底文化でいうと、日本人はソバ好きである。このソバの起源は、中尾佐助たちの研究では、照葉樹（直観的代表はツバキ）林帯の農耕文化のセンターだった中国の雲南にある。それがいまはほとんど日本人しかたべない。日本はソバの多産地だが自給は出来ず、都会で信州ソバと思って食べても、それは輸入材料のソバだったりする。日本人がソバを食べるのを止めると、世界のソバ栽培はなくなる。これも起源と分布のちがいを示す好例である。

天白という存在の、現在の分布と、その起源という問題には、背後に中部日本のかくれた歴史が秘められている。

（昭和52年1月7日）

▼追補1

今井野菊が蒐集した全国天白数二三〇ほどのうち、埼玉県の天白が一七ある。今井・大天白神（一九七一年）で「利根川・荒川上流地方の天白神社」（四〇〜四四頁）とあるのがそれで、その中に「十、大天白神社、羽生《はにゅう》市羽生字蓑沢一五八七（現羽生市北二丁目八—三二）、祭神　大山祇命・大己貴命・少彦名命」がある。同市教委によると、新田義重の末裔、木戸忠朝が、弘治二年（一五五六）、蓑沢に城を築いたが、翌春夫人が懐妊したので、本社を勧請したとの由来が伝えられ、爾来安産子育ての神として信仰されている。戦国時代の戦火でしばしば焼失、近くは大正八年に焼け十年再建し、今に到っている。現存する神社では、西の三重県いなべ市北勢町の麻生田神社、中部の長野県阿南町北條川田の天伯山北條神社と並ぶ、堂々とした神社である。

蓑沢の大天白神社は安産子育ての神と特化したが、埼玉（武蔵）の天白は、もと風神に備えて祀られたという。「節分から数えて二百十日、毎年この季節になると大暴風があって大切な稲を台無しにされるので、村人はこれを神霊が移動するときに起こるものと考え、或は風神の怒りであろうと怖れ、大天白様を祀って「がざ〔風カ〕まつり」を行い稲作の無事を祈ったところは多く、今も各地に大天白の地名が残っている」（今井の問合せに対する、当時の熊谷市教委、文化財係の返事「熊谷の大天白さま」、大天白神、四〇頁）。ところが、熊谷市新島字大天白にある大雷《おおいかづち》神社は、風神・雷神・〔安〕産神として「近村にまで知られ」ていたが、「この風の神はいつしか風邪の神となり、……子供のクツムキを癒す神、……一名バヒフ〔ジフテリア〕」から守る神などとなった、という。

私は天白を、伊勢神宮の神麻続機殿《かんおみはたどの》神社の祭神、天ノ白羽神が始元で、この天白神が諏訪大社のミナカタトミ・大祝祭政とともに、諏訪に移動したため、天白信仰は伊勢―諏訪二社を両極として、伊勢、尾張・三河、信濃、遠江と、濃密に分布する天白圏ができ、さらにその東の外延（駿河、甲斐、武蔵など）にまで流布して、亜天白帯ができたとみている。

かくも広大な分布を実現していく過程で、始元の天白は、分布していく時間と空間の諸作用で、始元の系譜を引きながらも、多面的な変容をとげていった。それは、天白もまた、日本列島の中部に生じた歴史的な現象であったことを、示している。天白の始元は古代だが、時間的分布の面では中世、近世と長い長い年月を重ねたし、空間的分布の面では天白圏五カ国の各村々（村持天白）、各集落（字地）ごと（土神《うぶすな》天白）、各氏一統ごと（祝殿天白）に峠をこえ、谷筋を辿り（天雲の向《むか》伏す極み、谷ぐくのさ渡る極み）、在地住民の必要《ニーズ》に応じて、神格の変容を遂げていった。

私は、亜天白帯の武蔵の天白も、同様の時空にかかわる変容をとげたのだと思う。二百十日の風神の災を祓う神から、いつのまにか当の風《かぜ》の神になり、カゼの音から風邪《かぜ》を祓う神になり、風邪の祓がバヒフ(ジフテリア)の祓と変わっていく。べつに珍しいことではなく、風邪や夜泣きや耳だれやの祓神は、天白圏の内部でも生じていた。

インド起源の仏教が、シルク・ロードを経由して中国に流伝（分布）したはじめでは、政権や支配層の中枢に入りえても、なかなか人民の中にまでは及ばなかった。及んだのは、弥勒や観音といった未来仏（弥勒は釈迦没後、五六億七千万年後に天から下り、釈迦が救い残した衆生を救う）や、仏と衆生とを媒《なかだち》する観音菩薩（民の音《こえ》を観、民の祈願《ねが》う姿・形——聖《しょう》観音、不空羂索《ふくうけんじゃく》観音、十一面観音、千手観音、如意輪《にょいりん》観音、馬頭観音など——であらわれる）信仰が入ってきてからのことである。事情は日本でも変わらない。仏教の観音信仰のように、天白信仰もまた、民の願に応じ民と共に生きた。天白神は、アマテラスのような一重一様の神ではなく、多面多様な神として流布したのである。

右にふれたので武蔵の天白のリストを巻末に掲げておく（「追補　天白一覧」二六八頁）。

▼追補２

蓑沢《みのさわ》（羽生市）の大天白神社をようやく訪ねた。道を尋ねた何人かの中に、まだ藤は早いでしょうといった人が居た。行ってみると、社前がちいさな大天白公園になっていて、参道をかねた園内の通路を藤棚がおおっている。ここから一五キロほど真北の足利（市）フラワーパークに、四百畳敷もの藤棚をもつ紫の大藤がある。その花房四メートルには及ばないが、大天白の藤の房も一メートルをこえるという。しかし今は天白。神社入口の鳥居の、手前左側に説明札があり、木戸某が蓑沢城を築き、爾来安産の神として信仰されてきたと、例のごとくに記し、鳥居をくぐった右側の掛け札には、多くの人が安産子育《そだて》の願いを懸けた小型の札板がぶらさがっている。さらにその右手後ろに、思いもかけず、堀田相模守正順《まさより》の生

羽生市の大天白神社

安産子育を願う札板

祠（生存している人の神祠）があった。下総佐倉藩一一万石の藩主である。父の正亮《まさすけ》（宝暦十一年―一七六一）は老中として宝暦《ほうりゃく》期の幕政を主導したが、正順は老中にならなかった分、藩政に心を配ったようである。説明札が、宝暦十三年（一七六三）簑沢は佐倉藩領となり、明和八年（一七七一）には正順の生祠が建てられたと述べ、「利根川氾濫にも拘《かか》わらず現在に至る」と締め括《くく》っているのは、暗に正順の簑沢治政が良かったのを言っているようだ。今、佐倉（市、千葉県）には、佐倉城址の一部に、古代史家井上光貞が創設した歴史民俗博物館がある。館の総ガラスの壁面を枠に佐倉城址の桜が一面に埋まるよう設計されていて、桜狂いの私に佐倉城は好ましい存在である。桜の季節でなくてもしばしば訪ねるので、簑沢の大天白神社に正順の生祠があるのを、いささか虚をつかれたように見つめていた。

　五月の例大祭にそなえてか、鳥居から社殿まで参道両側に、安産子育、交通安全と白抜きの赤い幡が並べ立てられ、拝礼して見上げると、社殿にめぐらせた白地に大きく奉納と墨書した幕上に、金縁も厚い大天白神社の懸額がひときわ映えていた。

（2016年4月12日）

今井野菊が「旧宮川村誌編纂研究会」として発行した冊子

麻織りの神、天白が起源――ナゾに迫る今井説

天白の起源について、今井野菊・大天白神は、それが「信濃から流布されて行った信仰」なのか、あるいは逆に「信濃国へつぼんだ信仰」（大天白神、六五頁）なのか、を問うている。

これに対する今井の答えは、明確な形ではだされていない。しかし今井も「天白神信仰の濃度は、たしかに信濃国には多く、特に北信濃には色濃く残されている」（同、六四頁）という分布の重みをうけ、信濃が本拠という含みの考え方をしている。他方今井は、天白の起源を信濃外にさぐろうとしてもいて、この後の方向にわたしは賛成である。

いくらかくどくなるが、天白の謎《なぞ》にせまるため、今井説に少したちいることにしよう。

その結論は大きく言って二つある。

①「天白神信仰民族」は、もともとは「漁撈《ぎょろう》と焼き畑の、原始農耕の民族」で「麻を作り紡ぎ織る技術を持っていた」（同、六三頁）と考えられる。その信濃への移住は、木曽川や天竜川などの河川伝いであった。

②天白の移動が古く、そのあと「御作神」（ミサクジン＝ミシャグチ＝シャグジ）を信仰する水稲農耕民が、信濃に入ってきた。この両信仰（それをになう民族）が「混合同化」（同、六四頁）して信濃の「国造り」をした。

この二つの結論のうち、①の方には注目すべき部分がある。すなわち今井が北伊勢（員弁）踏査で得た「麻織り」の民と天白との関係である。わたしはこの部分に天白の謎にせまるたいせつな鍵《かぎ》があると、考えている。しかし天白信仰を、にわかに漁撈と焼き畑の原始農耕までさかのぼらせるのには、賛成できない。ついでだが、木曽川伝いの天白の移動はない。

②については、わたしは逆だと考えている。つまりミシャグチ信仰の方が古く、天白信仰はそのあとに入ってきたと思う。天白の方が先ということはないだろう。諏訪の考古学者、藤森栄一・諏訪大社（一九六五年）が言うとおり、ミシャグチというのは諏訪の古神で、いまの諏訪神社の祭神タケミナカタはそれにとってかわった神である。くわしくは諏訪の項でふれるが、諏訪神社の前宮の古い神事に天白が登場してくる。これをどう解釈するかが、ミシャグチと天白との前後をきめることになる。

天白という神について十分な説明をしないうちに、ミシャグチという古神のことにもふれたり、さぞかし読者には迷惑なことだったと思う。ただ、天白という神の起源と分布が、中部日本のひらけた歴史を解くのに大事なものだということを、理解してもらいたかったのである。

わたしは昨一九七六年の夏七月の終わりと八月の終わりと、二度にわたって、あらためて天白の探訪をした。七月には志摩から伊勢（三重県）をかわきりに、三河（愛知県）をへて、遠江・駿河（静岡県）と、太平洋岸ぞいの各地に天白をさがした。八月は、信濃（長野県）の中を、佐久、水内、松本平、伊那、諏訪と、まわった。すでに訪ねていた天白はなるべくはぶき、記録で知っていても訪ねたことのない天白をさがした。

以下、〈天白紀行〉という形で天白を追って書いていくことにする。各地の天白の報告をしながら、これまでふれてきた天白をめぐる諸問題を考えていきたい。

各地の天白をまわってみて、意外に立派に祭られているのをみるとうれしかったし、あるはずなのが消えているのを知るのは、つらかった。また時間の関係で、訪ねのこした天白がずいぶんある。いやこの方が多い。天白社についてその土地の人に聞く時間も少なかった。

そこで、読者の知っている、あるいは周辺にある天白社（もしくは天白の地名）について、言い伝えや物語、来歴、祭神の名、社殿の大きさ、所在地（見取図など）など、大小となくお知らせいただきたい。消え去ろうとする天白の総記録を作りたいのである。

（昭和52年1月8日）

2 伊勢神宮

「天ノ白羽」に着目したい――信濃とかくれた糸で

伊勢神宮に天白が関係している。

伊勢神宮というのはたいへん興味ぶかい神社である。天皇家の祖神があとからかぶさったため、かえって土俗《くにひと》の神や祭事がのこっているからである。

神宮に天白がのこっているといっても、摂社や末社として天白社があるわけではない。「神宮神楽歌」のなかに、「てんはくのうた」が記録されてのこっている。これも今井・大天白神が、克明に関係文献を探索していて、わたしはそれで「てんはくのうた」を知ったのである。

伊勢在住の堀田吉雄が信濃の天白に、信濃在住の今井が伊勢の天白に、眼を向けたのが、わたしにはおもしろい。伊勢と信濃とはかくれた糸でつながっているからである。「てんはくのうた」(神宮文庫架蔵本　一門一一四一号。その奥書に「天文十一年(一五四二)壬寅二月吉日書之畢」とある)は次のとおりである。

イヤ天はく御前の遊ひをハ
イヤ雲をわけて遊ふなり
イヤ星の次第の神なれハ
イヤ月の輪にこそ舞ひたまへ
イヤ紫の八重雲わけて降りたまふ
イヤ天はく御前に遊ひまいらん
イヤ紀の国や高野、粉河に降リたまふ
イヤ天はく御前、原の天はく、屋の天はく、村の天はく、鵄尾《とびのを》の天はく、かたきしの天はくに、千代の御神楽参いらする

右はわたしがいくらか漢字に直したものだが、ここに出てくる地名と天白との関係は、もう分からない。天白を「星の次第の神」としているが、この神楽歌全体の印象からすると、どうやらあちらこちらに降臨するらしい。原、屋、村の天白というのは、村居の人びとの

まわり、野原、家屋、村の上に降りる天白だが、紀の国の高野・粉河がなぜ出てくるのか、解しかねる。〈天白紀行〉から五年ほどたって私に送られてきた、三渡俊一郎・謎の天白（一九八二年）によると、「高野や粉河は山伏の統制を行う当山派（真言宗）の正大先達の在住する所」とある。

鵄尾の天白については、他の伝承などから、いくらか注釈できる。鵄というと連想されるのは、神武東征軍を助けたという伝えの「金鵄」であるが、神宮関係の伝えには「御琴神金鵄」として出てくる。また「御琴神金鵄、裔孫長ノ白羽命」とされ「神楽秘書」には、

人長神　アマノウズメノ命
御笛神　オオナムチノ命
御歌神　本方アマノコヤネノ命
　　　　末方アマノフトタマノ命
御琴神　ナガノシラハノ命

とある。

「鵄尾」というのは、ふつうにはシビ（古称クツガタ）と訓み、宮殿の楼閣の屋根両端の

飾りを云うが、ここでは御琴神の琴の名である。〝長ノ白羽が「天香弓《あまのかぐゆみ》」六張を用いて琴の絃を張ったところ、妙なる音がした。これは「高幡《たかはた》」の上に金鵄が居た象《かたち》をあらわしたもので、それ故「鵄尾琴」と名づけた。いま「和琴」（六絃である）といっているのがこれである〟と伝えられている。

そうすると「鵄尾の天白」というのは、どうやら御琴神・長ノ白羽命をさしているらしい。長ノ白羽命はまたの名を天ノ白羽命と言った。この神は古語拾遺に出、また鎌倉期のものとされている神祇譜伝図記にも出てくる。平田篤胤・神代系図もこれをうけついでいる。これらは長ノ白羽を、高天原の天の岩屋戸「神話」に出てくるタヂカラオの子としている。

天手力男
　├ 長白羽
　└ 天羽槌雄

そして長ノ白羽の「亦名」を、「天ノ白羽」「天ノ物知」「天ノ八坂彦」と三つあげている。この伝えによると、神宮神楽「てんはくのうた」の「鵄尾の天白」というのは「天ノ白羽」だということになる。天白の名のもとを、柳田国男があげた「天一太白」「天来風伯」

に求めるよりは、この「天ノ白羽」に着目する方が、いいのではないか。

（昭和52年1月11日）

「記紀神話」が飾りつける――機織りを業とした土着神

「天ノ白羽」をめぐる事柄を整理しよう。

この神は、伊勢神宮で御琴神とされていた。次の来信からするとこの神をまつる天白社が、外宮域にあったと考えることになる。「外宮神域にはかつて四十四末社がありましたが、明治維新後廃祠となったものも多く、従って長の白羽神を祀った「天白社」があったかもしれません。……神楽歌など、外宮度会《わたらい》氏方に残っていたと思われますので、当然天白社も、御琴神として祀られていなければならぬ筈と存じます」（外宮鈴木義一禰宜――今井・大天白神による）。しかし私は延喜神名式の記事から、天白社すなわち神麻続機殿《かんおみのはたどの》神社は外宮と関わらなかった、と判断している（本書三七頁参照）。

天ノ白羽の神宮伝承は、いわゆる「記紀神話」によって飾られている。「金鶏」の子だというのが、その一つである。後代（鎌倉以後、とくに江戸期）の文献がタヂカラオの子とするのは、これも天岩屋戸「神話」で活躍する神だから、同様なのだが、しかし古事記に

「手力男は佐那那県に坐す」とあり、佐那の県とは伊勢国多気郡佐那神社のことで、タヂカラオは伊勢の土着神だった。当然、天ノ白羽も伊勢在地の神の一つである。

そうして、後になってアマテラスが上にかぶさってくると、いろいろの土着神がこれに服属して、末社にまつられるという形をとる。あるいは天白社もその一つだったと考えられたことは、いま書いた。しかし末社にならないケースも考えられる。

先の古語拾遺その他からの系譜によると、アマノタヂカラオの子に、

アマノシラハ
アマノハヅチオ

という兄弟神があり、それぞれ、

アマノシラハ……神麻続連《かんおみのむらじ》らの祖
アマノハヅチオ……倭文連《しとりのむらじ》、長幡部《ながはたべ》らの祖

とされている。

神麻続機殿神社の本殿（左）と八尋殿（右）

神麻続機殿神社の社叢

麻続、倭文ともに機織りを業とした部《べ》の伴造であり、これが伊勢神宮に布帛《ふはく》をおさめていた。天ノ白羽（天白）は、この麻続部の伴造、麻続氏の祖神だから、もともと（神麻続機殿での）機織りにかかわっていた神だし、また麻続氏の本拠地（苧麻を栽培した員弁）にまつられていたのではないか。

しらべてみると、内宮と荒祭宮に、和妙《にぎたえ》と荒妙《あらたえ》二種の神衣《かんぞ》が奉納されている。春秋二回、いまの暦でいうと、五月一日から十四日、十月一日から十四日、この神御衣祭《かんみそまつり》がおこなわれている。

「和妙の衣《みそ》」は白絹で、こちらは服織部《はとりべ》の氏族が織った。服部氏の奉仕した神社は、神服《かんは》織機殿《とりはたどの》神社という。

「荒妙の敷数《うすはた》の衣」は麻布で、これは麻続部の氏族が作った。麻続氏の奉仕した神社は、神麻続機殿神社という。

いま両者とも皇大神宮所管社となっているが、もともとは独立した神社であった。そしておもとは、両者とも、その「御機殿」が中心であった。これは両氏族の聖なる職業の場だったのである。そしてこの機殿に鎮守の神社があったのだが、明治時代になって、神社を主体とし、その境内に機殿がある、という形にしたのではないか。

神麻続機殿神社はいま松阪市域に入っている。近鉄山田線の漕代駅でおり、櫛田川の堤防の上の道を、下流に向かっておよそ四キロほど行くと、右手に杉などの樹叢《じゅそう》にかこまれたこの神社がみえてくる。

（昭和52年1月12日）

▼追補

この『天白紀行』とほとんど同時に、私の『日本書紀の研究ひとつ―ジョン・ロックのように日本書紀を読んだなら』が、刊行される。その一章《ひとつ》「持統三年八月条―アマテラスの誕生と伊勢神宮の成立」の結論を一言でいえば、アマテラスは持統三年（六八九）八月に誕生し、同六年三月に伊勢神宮が創建された、である。祭神アマテラス・伊勢神宮はともに七世紀末に成立した。これは、諏訪大社の祭神がタケミナカタ・大祝にかわるのが八世紀という藤森栄一の考えとあいまって、天白の起源をさぐる前提になるだろう。

持統六年（六九二）三月に落成した第一次伊勢神宮の名は、続日本紀〔以下続紀〕（巻第一、文武二年十二月二十九日条）の記事、遷ス二多気大神宮ヲ于度会郡ニ一、から多気大神宮と分かる。度会に遷されてからの名は、続紀文武三年（六九九）八月八日・慶雲元年（七〇四）十一月八日・同三年閏正月十三日条などに伊勢大神宮、同大宝二年（七〇二）七月八日・同八月二十八日・慶雲三年閏正月二十八日条などでは伊勢太神宮、と定まらない。多気大神宮から察すると伊勢大神宮の方が早く、太神宮は遅れての呼称だろう。続紀で大神宮が先（六九九年）で、太神宮が後（七〇二年）とみなされる。一〇世紀初め（九〇五～二七）の延喜式では伊勢太神宮（天照太神）だが、写本によっては神宮の方を大とするものがある。

伊勢太神宮
太神宮《オホカムノミヤ》三座　在㆓度会郡宇治郷五十鈴河上㆒
　天照太神《アマテラシマス御神》一座
　相殿神二座
荒祭宮一座　太神荒魂、去㆓太神宮北㆒廿四丈
度会《ワタラヒ》宮四座　在㆓度会郡沼木郷山田原㆒、去㆓太神宮西㆒七里
　豊受《トヨケノ》太神一座
　相殿神三座
太神宮所摂廿四座
度会宮所摂十六座　〔共ニ神服織・神麻続機殿神社ナシ〕
四月九月神衣祭

太神宮和妙衣《ニギタヘ》廿四疋　八疋広一尺五寸、八疋広一尺二寸、八疋広一尺、並長四丈〔下略〕
荒妙衣八十疋　四十疋広一尺六寸、四十疋広一尺、並長四丈〔下略〕
荒祭宮和妙衣十三疋〔下略〕
荒妙衣四十疋〔下略〕
右和妙衣者服部《ハトリ》氏、荒妙衣麻績氏、各自潔斎、始レ従二祭月一日一織造、至二十四日一供レ祭
服部《ハトリヘ》等造二二時神衣機殿一祭并雑用料〔下略〕
麻績《ヲミ》等機殿祭并雑用料〔下略〕
右織二造神衣一「料」所レ須雑物、皆以二服織《ハトリヘ》戸廿二烟、麻績戸廿二烟調庸及租一、〔下略〕

右から分かるのは、一〇世紀の初めになっても、「服織」さん「麻続」さんは摂社ではなく、また服部氏・麻続氏はそれぞれ服部（織）部・麻続部の伴造で、四・九月の二カ月（二時）の神衣祭に当たり、和妙衣・荒妙衣（神衣）を、太神宮（後代の内宮）・荒祭宮に納めた（度会宮、後の外宮にはない）が、神衣ノ機殿はその毎に造っている。太神宮（内宮）と度会宮（外宮）を区別し、度会宮に和妙衣の奉進がないとすると、神麻続機殿神社に外宮との関わりはなかったことになる。延喜式神名帳は、また、伊勢国多気郡五二座の中に、麻続神社、服部伊刀麻神社、服部麻刀万神社二座を、記している。

祭神やはり「天の白羽」――「麻続《おみ》」の巨楠に鵄《とび》の姿

神麻続機殿神社《かんおみはたどの》などという、なじめない呼称は、ちょっとやりきれない。カンオミハタドノとたずねるわたしが舌をかみそうである。じっときいていた近在の人は、ああ「麻続《おみ》さん」ですか、と言った。麻続さん、いい呼び名である。これでいくことにしよう。あとで調べてみると、麻続さんを「上舘《かみだち》」、服織《はとり》さんを「下舘《しもだち》」ともいうらしい。

麻続さんの祭神は天白さんである。天ノ白羽神である。

江戸時代安政期に書かれた諏訪旧蹟誌は、諏訪神社の祭神タケミナカタの后神ヤサカトメに関連して、その父アマノヤサカヒコ（天ノ白羽の別名）にふれている。そして、この神は伊勢神麻続連らの祖神だから、延喜式神名帳に、伊勢国多気郡麻続神社とあるのは、「必して天ノ八坂彦神也」としている。「麻続さん」の名が古いこと、その祭神が「天ノ白羽」であること、それを「諏訪」関係者が書いていること、この三つがおもしろいし、だいじである。

入ってみると、江戸期の伊勢参宮名所図にあるとおりのたたずまいである。鳥居をくぐって進むと左手に潔斎館の建物があるのだが、その手前に大きな楠がある。みそぎ用の潔斎館の前は矩形《くけい》に整地してあり、まわりを通路がとりまいていて、一隅にまた大楠がある。どちらの通路をまわっても社殿前の斎庭《ゆにわ》に出るが、出て見ると、皇大神宮所管社にふさわ

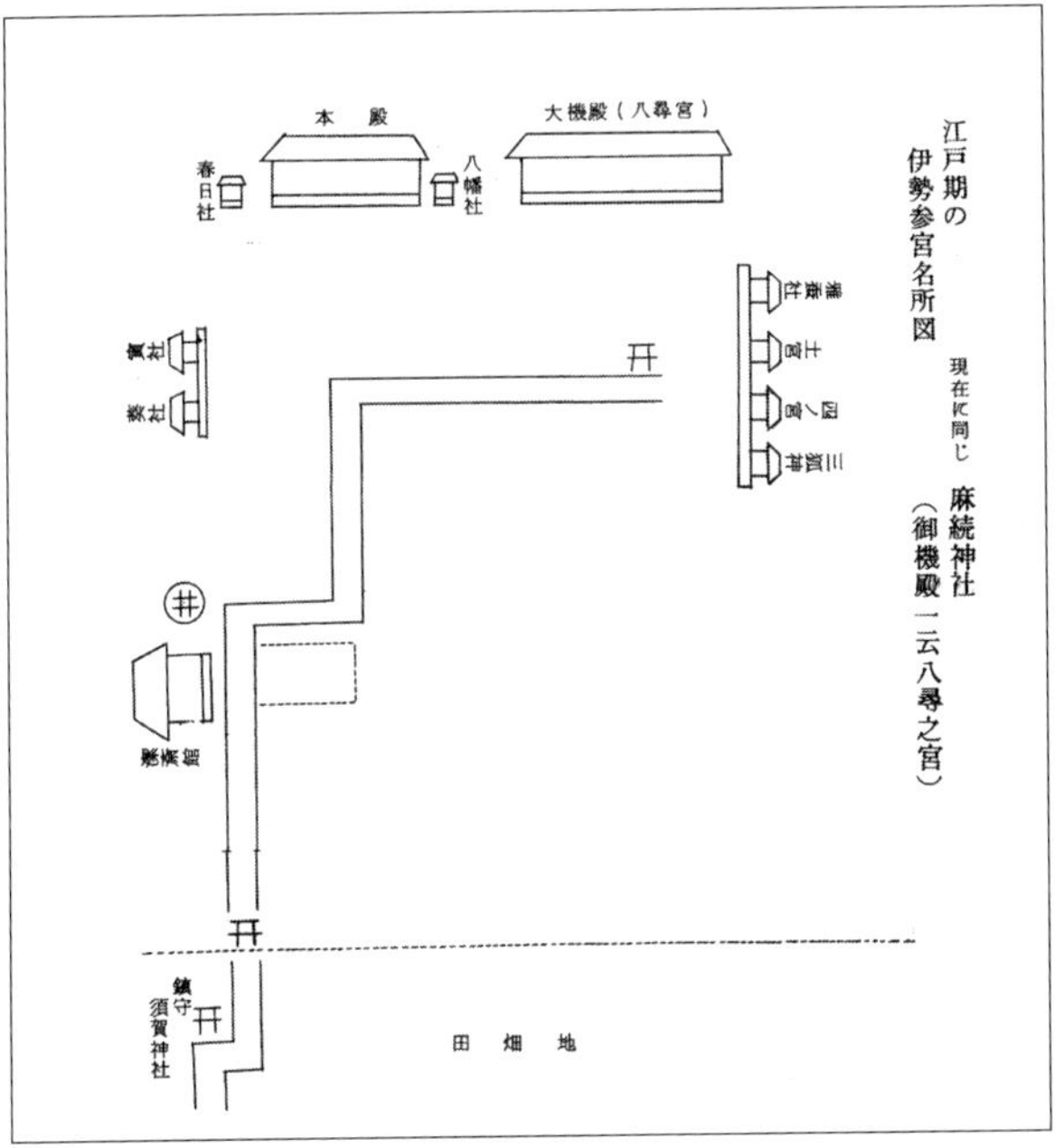

江戸期の伊勢参宮名所図（今井野菊『大天白神』より）

しく、大きめの玉石を敷きつめた広場の向こうに、左に本殿、右に大機殿（八尋宮）が神宮様式で立っている。鳥居が大機殿の方にかたよって立っているのは、こちらが主体であることを示しているのだろう。

向かって右手に四社、左手に二社、木祠《し》がならんでいる。右手のは奥から雅蚕霊神祠、土宮祠、四宮神祠、三狐神祠であり、左手のは奥から寅祠、葵祠である。これらはいずれも庶民の神で、四宮神《しのみや》は夙神《しゅく》のことで、芸能の賤民《せんみん》視されたものたちが奉じた。三狐神《さごじ》は社宮司《しゃぐじ》の他称で、まちがいなくミシャグチである。三狐神は熊野の補陀落山寺の境内でもみかけたことがある。葵祠は「古クハ石神」（三国地誌）とあり、柳田国男の初期の石神問答が追究したシャクジンで、これも三狐神とつながる。

こういう小祠は、在地の民がもちこんだり、諸国流浪の民がもちこんだもので、わたしは、神社の本殿、主祭神よりも、その周辺に群居するこれら小祠の神にいつも関心がゆく。しかしいまは本殿、天ノ白羽が問題である。これは本殿とだけ呼ばれていて祭神の名はどこにも書かれていない。

しかしいま記したように機殿が主で、その鎮守がこの本殿なのだから、機殿に奉仕した麻続氏の祖神天ノ白羽を祭る以外には、考えようがないのである。

「麻続さん」のまわりはうっそうとした樹林である。杉の木も多いが、ひときわ高いのは

「麻績《おみ》さん」境内の大楠

楠《くす》の巨木である。ひととおり見てまわり、写真もとって、汗びっしょりなのに気づき、まわりを見わたした。

ひときわ高いのは、潔斎館前の広場の一隅、本殿の正面に立つ大楠である。その頂きの枝に鳶《とび》が一羽とまっている。

そういえば、こいつは、わたしが三狐神祠を撮っているとき、ばさとそこへとまった。わたしが動くと、つと首をうつむけるようにして、こっちの様子を眺《なが》めていた。一息ついて無意識にとどめていた記憶をよみがえらせ、そいつに「おい、すんだぞ」とよびかけようとして、あっと気づいた。

「鴟尾《とびのお》の天白」

そうか、お前は「とびのをのてんはく」の末裔《まつえい》だったのか。ばさと羽で空をきって、そいつは飛びたった。

（昭和52年1月13日）

一二〇匹の荒妙を奉織 ―― 雨しぶかひて織り機《はた》進まず

「麻続《おみ》さん」の機殿は、延喜式によると、太神宮に八〇匹、荒祭宮に四〇匹、計一二〇匹の荒妙（苧麻の糸で織った布）を奉織していた。

いまの神御衣《かんみそ》祭は、先に書いたように、五月一日からはじまる。神宮から権禰宜《ごんねぎ》らの神職が出向き、斎館で一夜こもる。一日に織工《おりこ》――古くは男子を人面、女子を織子といった――もきて、これから十四日まで奉織する。この間、権禰宜は「下舘」（神服織機殿《かんはとりはたどの》神社）、宮掌は「上舘」（神麻続機殿神社）の斎館に参籠《さんろう》しつづけて、奉織を見まもるという。

いまこの機殿で織るのは一匹である。機殿には高機《たかばた》一台があるだけという。そして余の和妙は愛知県の木曽川町（現一宮市）、荒妙は奈良県月が瀬（現奈良市）の専門機業に委嘱している。

往古、和妙（白絹）の絹糸は三河国のものを用いた。しかし荒妙の方は苧麻《からむし》の栽培――その地が員弁川流域の麻生田（山田追記）――からはじめたという。だから、一二〇匹――二反で一匹である――もの荒妙を織るには、麻続部をあげて、織機に向かったのである。

右を桜井勝之進・伊勢神宮によって書いたが、桜井は、この神御衣祭の奉織に参籠した神職者の短歌八首を引いている。うち四首を再引させていただく。


蠟涙の垂りの幽けき八尋殿に　雨しぶかひて織り機《はた》進まず

わたしも見てきたが、機殿にはむろん電線などひきこんではいない。蠟燭《ろうそく》の明かりだけで織るのはたいへんな難行である。わたしは〈日本染織紀行〉をある雑誌に連載し、その一つとして越後上布（苧麻織）を見にいったことがある。からむしの糸は切れやすい。

ひがしやま一　にしやま一と符牒言ひて切れし経糸《たて》継ぎ足すぞ　あはれ

慎しみの緒《お》ろもさすがにほころびし　若き織工の顔をみてけり

詠者は、荒妙の奉織にたちあった神職大崎千畝である。

一匹でこうだから、まして一二〇匹を織り上げる労苦は、たいへんだったろう。いま越後上布についていうと糸績《いとう》みをしているのは七十歳以上の老婆である。織りの技能の講習会にくるのは四、五十歳の主婦である。若い女性は、辛苦で収入も多くない織り子になろうとはしない。

その昔、一二〇匹を村中あげて奉織したころ、天ノ白羽神は、その辛苦の共同作業の場に来臨していた。いま上布の織り子のあとが断たれようとしている現代に天白が忘れさられようとしているのは当然かもしれぬ。

わたしは、訪ねた「麻績さん」の機殿の暗がりに蔵されているという一台の高機を、思念の中で凝視する。

雨けぶる　杜《もり》の静寂《しじま》や織工は　トントン　トト　トン筬《おさ》たたくなり

雨がしとどに降る夜闇《やみ》、蠟燭の灯で織りつづける筬音とともに、このときだけが「鵄尾の天白」の舞と音曲の、かすかによみがえる時間なのであろうか。

この麻績の名が、長野県にある。このごろ聖高原で知られる麻績《おみ》村がその一つである。わたしは、この麻績にちかいところ桑関に天白神社を訪ねた。それはやがて書く。ほかに松本平の旧今井村に続麻《つうそ》神社がある。これについてもそこで書く。いまは伊勢の「麻続さん」の名が、信濃にのびているという事実にだけふれておくにとどめる。そこにはなにが秘められているのであろうか。

「麻続さん」の祭神を必して天の八坂彦命だと指摘したのは、安政期のものとはいえ諏訪旧蹟誌であった。伊勢と信濃、あるいは伊勢神宮と諏訪神社、この二つは相呼応しているように、わたしにはみえるのである。

（昭和52年1月14日）

3 志摩

天白分布の西端訪ねる ―― 下之郷には石碑のみ

天白分布の西端は志摩である。

「麻続さん」の方を先に書いたが、昨一九七六年夏の〈天白紀行〉は、志摩の天白を訪ねることからはじめた。

神奈川県藤沢市辻堂のわが家から、息子の車は、東名高速道路、名四国道、名阪自動車道、伊勢自動車道を乗り継いで、午前十時から午後六時まで、途中サービスエリアに寄った以外は、走りに走った。

志摩の天白については、飯浜《いばま》在住の郷土史家、伊藤保によって報告されている（今井・大天白神に所収）。三渡俊一郎・謎の天白（一九八二年）志摩で補い次に掲げる。

① 波切（大王町） 東天白・中天白・西天白（地名）
② 安乗（阿児町） 天魄社…安乗神社に合祀、天魄山あり
③ 坂崎（磯部町） テンパク…樹木を伐ると祟る
④ 穴川（磯部町） 天白社
⑤ 檜山（磯部町）宮ノ谷 天白の森あり
⑥ 築地（磯部町） 天魄祠
⑦ 迫間（磯部町） 天白祠
⑧ 下之郷（磯部町）大崎 天魄祠（旧伊雑宮御師、大崎氏の氏神）…天魄の森、天魄山あり
⑨ 五知（磯部町） 天白社…天白の森あり
⑩ 堅神（鳥羽市） 天魄社…堅神神社へ合祀
⑪ 菅島（鳥羽市） 天白社
⑫ 答志（鳥羽市） 天白社

前夜、美しい英虞湾を見おろすホテルで、どの天白を探索するかを考えた。これらはおそらくどこかに埋もれてしまい、さがすのに手こずることが予想された。それに志摩は午前中にすませ、午後は麻続神社、夕方は北勢の員弁郡の天白神社を訪ねたい。どうするか。

結論は一つであった。伊藤さんを訪ねること。勝手にきめられた伊藤さんには迷惑この上もない話である。

伊藤さんはきさくで純朴な人だった。うれしかった。はじめけげんな顔をされたが、来意を告げると、みるみる笑みわれて、招じ入れてくださった。それからいろいろ本をみせてくれ、地図までいただいた。わたしの名刺をややしばし見ていて、思いがけないことだったが、ああそうかという表情で、猿田彦―天白―道祖神をつなげてみようとしたわたしの道の神をもちだしてきた。「わたしは民俗学には弱くて」とけんそんされながら、地図に天白の所在を示してくれた。

一会《いちえ》、年来の知己のごとく遇してくださった伊藤さんに、心から感謝したい。こんど志摩へきたらまた寄ってください、というのにお礼をいい、再会を約した。

伊藤さんに教えられたとおり、まず⑧下之郷字大崎に行く。下之郷は的矢湾がリアス式に西へ入りこんだつき当たりである。

飯浜はそこから東、的矢湾からの狭い溺《おぼ》れ谷がふくらんだ伊雑《いぞう》の浦に出たあたりの北岸にある。字大崎は下之郷と飯浜との中間辺にある。

大崎には大崎姓の家が何軒かある。伊藤さんから大崎千畝さんの名を聞いていなかったら、何軒か無駄《むだ》足をしなくてはならなかったろう。

大崎千畝——この名は読者には二回目である。あの「麻続さん」の神御衣祭《かんみそ》で、斎館にこもって十四日間の奉織を見守り、その辛苦とそのなかからわずかにきざす神気のあらわれを短歌によんだ人である。

しかしこのときのわたしは、先の伊藤報告にあった「旧伊雑宮御師」としてしかその人を知らなかった。案内を乞《こ》うと小柄な大崎さんが出てこられた。来意をつげ、天魄社をみたいというと、裏山の方へ案内してくださった。いま跡地は整備されているが祠《ほこら》はなく、大崎社跡地と刻んだ石碑が立っている。その背後の小山を天白山というそうである。しばらく一人にしてもらって、見取り図を書いたり、写真を撮ったりした。

もどってくると請《しょう》じ入れられ、名刺をいただいた。神宮研修所教授とある。もし桜井本を先に読んでいたら、大崎さんに、麻続神社祭神天白説を話してご意見をうかがうのだったが、天白についてのごく一般的な話題を話したぐらいですませてしまった。心のこりである。

室内の蔵書その他で、学究的な方とわかり、天白社祭神を瀬織津姫とするものがあると話すと、神宮内の瀬織津姫について話してくださった。

（昭和52年1月18日）

一帯に散在する神社――波切出身者に多い天白姓

大崎千畝さんとかんじんな麻続神社、天ノ白羽神、天白の話をしそこなったのは、いかにも心残りである。

そこつなわたしの大崎社跡地の見取図（携えた野菊さんの大天白神の裏表紙ウラに書いた）の右肩に、つぎのような手控えが記入されている。

機織姫祠
伊雑皇大神別宮末社記
機織姫社在伊雑御浦飯浜
磯部の麻績

これは伊藤保さんのところで、いろいろ出された文献からメモしたものである。磯部にも麻続氏の末が入りこみ、機織姫《はたおりひめ》祠を祭ったのである。このことと大崎氏の天白山、天魄社とが、どういう関係にあるのか、わからない。機織姫というからには、八尋殿に奉仕した織子（女）の奉じたもので、それが磯部飯浜に嫁したのでもあろうか。

ついでにいうと、伊那市の三峰《みぶ》川沿いの天白神社の祭神には、棚機姫《なはたひめ》の名が見える。こ

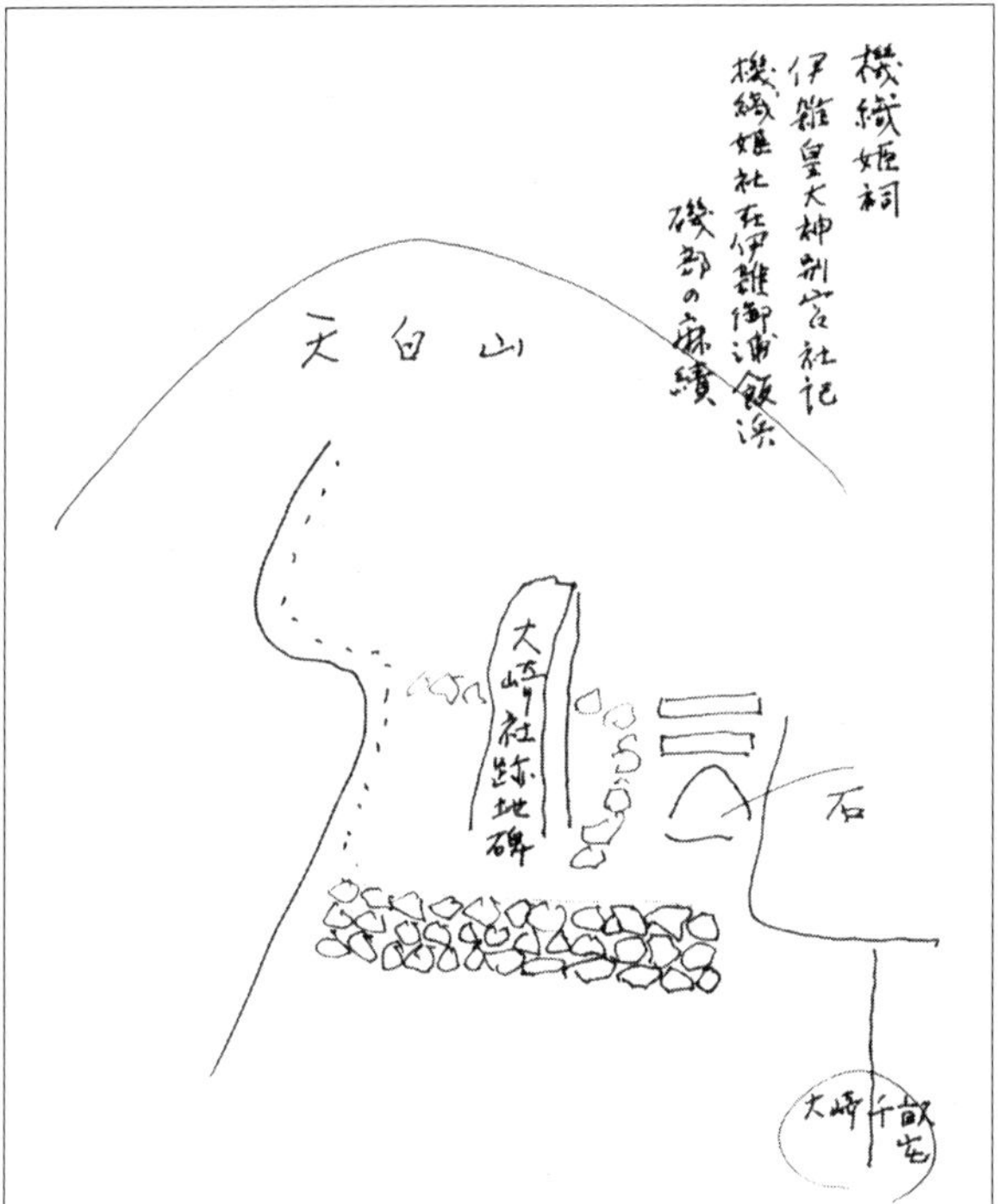

『大天白神』の裏表紙ウラに書いた大崎社跡地の見取図

れは七夕の姫だが、天白に七夕と機織とがはいりこむ通路がどこかにあったはずで、それはおいおい考えていきたい。

志摩では「御左口神《みしゃぐち》と天白神はみなほど近く祀られ遺跡地をのこしている」（伊藤）が、その一例として、ここ下之郷をあげることができる。字大崎に天白山があり享保十一年（一七二六）の下之郷指出帳によると、宮山一四カ所の内に「壱社社宮神此森同断」とある。

鳥羽藩の志陽略志（正徳三年―一七一三）をひもといてみると、その「神社門、上、答志郡」に、社宮司＝鳥羽城西南郭裏の山祇《やまつみ》神社（これを「土人誤ッテ社宮司ト号スト伝フ」としているが、もとはあきらかに社宮司だったのである）が出ている。藩主の城郭すぐ裏に社宮司があったのが興をひく。この近くに⑩堅神《かたかみ》神社があり、そこに天魄社があったが、これについては、あとで探訪記を書く。

ついでに志陽略志から抜き書きすると、

② 安乗（阿児町）　天魄社
⑦ 迫間（磯部町）　天魄祠
⑧ 下之郷（磯部町）　天魄祠（前記、大崎氏氏神）

と、三つの天白社の所在を記している。迫間は下之郷のすぐ西、安乗《あのり》は下之郷の東、的矢湾をはさむ南の岬《みさき》の突端である。いずれにしろ、志摩の天白は、磯部九郷とその周辺にいろこく分布していることがわかる。すなわち右三社のほかに磯部には④穴川　天白社、⑨五知　天白社、⑤檜山宮ノ谷　天白社の三社がある。そして檜山にはまた三狐社がある。

いまの阿児町安乗の南に、大王町波切《なきり》がある。和名抄に名錐とあり、ついで神鳳抄に名切、波切となった。

この②安乗から①波切への天白紀行を、ざんねんなことに書けない。伊藤さんからすすめられたのだが、時間に急がされとうとうあきらめた。

「大王町波切には、東天白、中天白、西天白の地名があり、依って住民の中には天白姓を名乗る者が多く、志摩郡内にみる天白姓は皆波切出身と考えられています」と、伊藤さんは書いている。東、中、西の天白社は石祠だという。

大王町二、七五二世帯一一、一六二人のうち、波切は一、六五五世帯、六、九九〇人を占めている。字地天白は波切の町中にあるが、波切に多い姓氏を順にあげると、松井一二二世帯が一位で、これについで八五世帯のものが三つあり、小川、岡、天白である（中岡志州編・鳥羽志摩新誌による）。これをみても、波切の天白については、じっくり調べる必要のあることがわかる。

これだけ天白とかかわりながら、志摩関係の地誌、志陽略志、三国地誌、鳥羽誌、志摩国旧地考などの、波切の項には、いっさい天白のことは記載されていないのである。

（昭和52年1月19日）

五知で所在つかめず ―― 神社名変えた明治の政策

波切を後日にまわしたのは、伊藤さんが、今井野菊さんに志摩の天白社の所在を返事したのち、もう一カ所わかったといい、それが⑨磯部町五知にある、と話してくれたので、その五知にまわるためであった。

五知はもと五智と書いたらしく、鳥羽誌には「往昔平氏逃れて此地に住し、其子孫今尚存すと」と記している。平氏落人村だったのである。

せっかく波切をあきらめてまわったのに、五知では天白に到達しなかった。志陽略志はここに熊野権現社があり、他に「生土神《うぶすな》四座」があると記している。この四座にたぶん天白が入っていると思うが、わからない。

五知に熊野神社があるのも、この地に伝わる平氏の落人伝説と関係があるのだろう。上五知の字本宮に熊野本宮、字新宮に熊野新宮、それに下五知の熊野権現と、ちゃんと三山そろって勧請《かんじょう》されている。

五知が、さまざまの民間信仰の遺物を大事にしているのは、わかった。国道沿いの下五知にも、クスやツバキの疎林の下に庚申碑《こうしん》その他が、じゅうぶんな手入れをしのばせてのこっていた。

それから一路、鳥羽市を通過して、その西につき出た小浜の土宮神社を訪ねた。この神社を一名オシャグジサンとよんでいると、今井野菊・御社宮司の踏査集成にあったからである。

この「集成」は野菊さん一代の踏査にかかり、貴重な成果だが、この項にかぎっていうと、これは先の鳥羽城西南郭裏にあった大山祇神社と混同されているのではないかと、思えた。

小浜はなかなかいいところである。港も椀《わん》状にくぼんでいるが、鳥羽が菅島の影に位置するのに、ここは小湾口がちょうど答志島と菅島間を通して外海に向くので、いくらか波が荒いらしい。その湾のつきあたりがまた、椀状にくぼみ、小浜はそこに井状の通路でこぢんまりまとまっている。

土宮神社は、集落の背後の崖《がけ》上にあり、港から一本の路のつき当たりを上る。神社下の家の、年配の男女に聞いてみたが、オシャグジサマ、とけげんな顔をし、そうは言わないし、聞いたこともないという。

社殿は手入れがゆきとどいており、小浜の鎮守として、厚く信奉されている風があった。社務所を訪《おとな》うてきいてみたが、返事は同じである。

とりとめない探訪記がつづいているが、もどって東岸に小浜のある小半島の西の海がつきあたったところ、堅神に⑩堅神神社を訪ねた。

この神社はもと八皇子社――この名の神社は志摩に多い――といったのを、明治六年にいまの名に改めた。すなわち、この神社の境内末社に、鎮守神社、土宮、天魄社、山神社の四社があったが、明治六年、これを天津神社（祭神クニノサツチノ命）、国津神社（ニニギノ命）、本田神社（オオヤマノ命）、赤坂神社（オオヤマツミノ命）に改めた。しかし明治四十年、これらを廃して本社に合祀《ごうし》したのである

だからいま、この堅神神社に天白社はない。中世に、この神社は伊勢神宮の所管だった。それは神宮の建久年中行事に「堅上社祝役」とみえ、また、外宮旧神楽歌に「かたかみ社」、二見郷旧神楽歌に「かたかみの土の御前」と出てくる（鳥羽誌）。おそらく、このころに天魄社が末社として入ってきた、と推測されるのである。

（昭和52年1月20日）

4　員弁

員弁の天白七社 ―― 水と深くかかわっていた

柳田国男がさいしょに天白にふれたとき、夫木集にみえる西行の歌（実はない、後世の作か、と三渡・謎の天白）をあげていた。

梓弓春の日永の水の面に月すみわたる天白の橋

この日永は地名である。いま四日市市日永である。天白の橋も実在する。日永二丁目と三丁目の境にある。延享三年（一七四六）の東海道巡覧記には「田畠橋―板はし拾間」と記され、宝暦二年（一七五二）の東海道分間絵図にも「田畠ばし」と記入されている。

これでみると江戸期、天白を田畠（でんぱた→たはた）と改めたのは、なにも相模国辻堂村だけでなかったことが、わかる。「田畠ばし」には西行も面くらうだろう。天白だから「月すみわたる」ので、田畠ならばすみわたるわけにはいかない。もっとも、後代の作者にも天白がわからなかったことは、このような「日永」「天白」の字面にかけて歌をつくっているのにもみてとれる。

日永の追分で、東海道からわかれて伊勢参宮道がはじまる。

それにしてもなぜここに天白橋があるのか。わたしはもう二つ天白橋を知っている。長野県の明科町（松本市の北、現安曇野市）を、会田川ぞいに井刈の道祖神を訪ねたときに渡った。また諏訪湖を出たばかりの天竜川に、夏明（岡谷市）で、天白橋がかかっている。

橋は川をこえる。その橋が天白橋とよばれるのは、かつてそこに天白信仰が生き、天白社があったということである。この天白は水に関係があった。この天白もなん度も川上から流れてきた、と伝えられている。

しかし信仰は、他の土地にうつると、在地の民の事情、願いに応じて、姿・形態・機能を変える。伝播《でんぱ》・流浪（コミュニケーション）と在地（コミュニティ）との複雑な連関が、天白のばあいにも、あって当然なのである。

天白神が水と関係があるのではないかという発想は、数年前、木曽谷の天白字地を訪ねたときに抱いた。そのとき、川向天白という地に立って、蛇《じゃ》抜けという山崩れの跡をみながらわたしは、柳田のあげた「川天白」という名を想《おも》い出していた。
　そしてこんどの〈天白紀行〉では、三重県員弁の天白を訪ねまわりながら、ふたたび水とかかわる天白というイメージを強くしたのである。

員弁《いなべ》川を、いま稲部川と表記するようである。名阪自動車道の標示は稲部川であった。さかなでされたような気持ちがおきた。員弁は歴史的な名である。この点ではわたしはおそろしく保守主義であって、歴史的な名辞を、みだりに新規の風で改めたくはない。名古屋市が天白区という名をのこしたのは、いいことである。

　気にかけながら、しかしわたしは、員弁郡、員弁川流域を訪ねることなく、今日まできた。それがやっと入れる。員弁の天白はつぎのところにある。

①　白瀬村（現いなべ市藤原町）本郷　　本郷神社
②　西藤原村（　　同　　）大貝戸＊　天白大明神
③　山郷村（現いなべ市北勢町）麻生田＊　麻生神社
④　三里村（現いなべ市大安町）高柳＊　天白社
⑤　石博村（　　同　　）宇賀　　天白社
⑥　員弁町（現いなべ市員弁町）楚原＊　天白神社

⑦　久米村（現桑名市）島田　　天白社

＊印をつけた集落には、社宮司も存在することをしめす。

この川筋は、北は関ヶ原、西北は近江国犬上郡多賀に抜ける。このため員弁郡史は「天ノ白羽神ハ平安都ヨリ近江・鈴鹿ヲ越エ東日本ニ所在ス」と書き、また「天白神ハ尾張、三河ノ特色ナリ……北勢街道ヨリ東ノモノナリ」と書いた。はたしてそうか。

（昭和52年1月21日）

今なお尊崇、本郷神社——氏子たちの心のふるさと

員弁川の谷にむけて、息子が車を乗りいれたのはもう午後五時であった。あと三時間ほどしかない。鈴鹿山系の方から一面の灰色の雲がのびてきている。

まず、奥の本郷まで行った。員弁川へは左岸、揖斐川とのあいだにはさむ養老山系の南端から弁天川、戸上川、明智川、山田川など十本もの支流がそそぎこむ。右岸にも鈴鹿山系からの三狐子《さごじ》川——社宮司とのかかわりが気になる——、養父川、宇賀川、源田川、青川などが流入する。ごく短い間にたくさんの枝川が流れこむほか、員弁川じしんが、幾重にもつれている。

直観的に、この川の流域の開拓、農耕とくにイナ作の開始が水とのたたかいだったとわかる。

本郷は、員弁川の上流にある。あと山口（ここに藤田氏祝神として社軍神がある）、船原、白石をすぎるともう員弁川の水源である。本郷（海抜一二〇メートル）の南、海抜一八〇メートルの丘陵をこえると、一キロほどで大貝戸である。

①本郷神社は、本郷の伊藤家がまつってきた祝殿天白大明神を主として、明治四十三年、八幡、神明両社を合祀《ごうし》したものである（野田精一による）。しかしいまの祭神は火産霊神で、祭日は八月十八日。付近に天白池があるというが、行くのは断念した。

本郷神社は、関ヶ原へぬける道路が本郷をとおりすぎたあたりに、鳥居と本郷神社と彫りこんだ石柱をたてている。石柱は大正十四年二月の日付をもっている。同年同月生まれのわたしにはほほえましい。

参道は二〇メートルほどで右手に曲がる。別に参道のわきを細い村道が通っていて、先の方参道の曲がり角に村道から入る鳥居がたっている。

神社は拝殿とその奥の本殿とをもっている。その拝殿に一枚の白紙がはってあった。

ここは心のふるさと
ようこそおまいり下さいました

と、二行に書かれている。わたしは心を洗われたような気になる。その下にブリキ箱をおき、一冊のノートとちびた鉛筆があり、参拝者の名を記帳するようになっている。見ると十日前に鎌倉市——わたしの住む藤沢市の東隣である——の人が記帳している。わたしもその下に記帳した。天白神は、この村の氏子たちに、いまもなお尊崇され、大事にされているようである。

②「大貝戸の〔天白は〕西神社の社頭にあって西方にも文化十年に再建した天白大明神があった」（野田、今井本から）。大貝戸にはまた「社護神」もあるという（今井）。

北勢の歴史のあけぼのは、おおまかにしかわからない。北勢は海人《あま》族出の尾張氏の勢力のもとにひらけ出したと思われる。古墳時代までは伊勢は尾張、三河の文化圏内にある。伊勢国造となった大若子命《おおわかごのみこと》は、北勢の多度を本拠としていた。員弁流域のすぐ東である。この勢力は、持統六年（六九二）三月、伊勢南部に皇大神宮をもちこもうとしたヤマト大王家に協力した。北勢の出身なのに全伊勢の国造になったことが、それを示している。

七世紀末の員弁川流域は、麻績の織る荒妙の原料、苧麻《からむし》を栽培するところ（麻生田）だ

本郷神社

った。この地が本地の麻績氏は、本業の苧麻だけではなく、生業のイナ作などの農耕のため員弁川の治水に努力したと思われる。伊勢国造と皇大神宮との関係で、九～一〇世紀、員弁に志礼石、石川、大井田など一一もの厨《くりや》ができた。皇大神宮の勢威によりつつ、この辺にも田堵《たと》、在地有力者が出現しはじめたのである。

志礼石、石川は本郷、大貝戸の近くで、大井田は楚原、高柳の南近くである。これらの厨と天白所在地とが、相接近してあるのが、わたしの関心をひく。

本郷神社の見取り図を書いているうちに、一陣の風が、山からせまい野面をかすめて吹いていった。天白の気配のようにもとれた。

（昭和52年1月22日）

於芋田《おうだ》の麻芋《おう》神社――勢威あって霊験あらたか

三重県北勢町の麻生田《おうだ》は、もと於芋田とかき、ここに③麻芋《おう》神社（旧郷社、現村社麻生神社）があった。祭神は長ノ白羽神、すなわち天白神である。

この麻生田は、神宮御機殿上館《かみたち》すなわち「麻続《おみ》さん」で織る荒妙の原料、苧麻を栽培したところで、このあたりは麻続氏が開拓したと伝承され、いまもこの地に天白大明神、麻続氏の末と伝える江上家がある。

麻生神社は、麻生田の集落のいちばん員弁川寄りの地に立っている。入ってみて手入れのいいのにおどろいた。むらの氏子の尊信の心があらわれている。

ここも参道を入って、右手に曲がった奥に社殿があるが、入り口の鳥居わきに戦歿記念の碑がたっていた。わだつみ会（日本戦歿学生記念会）の一員であるわたしは、この碑に粛然心の中から祈念した。

拝殿の両側から屋根のついた塀《へい》をめぐらし、それに囲まれた庭の奥に本殿がある。わたしはその本殿の左側にまわっていった。そこに一本御神灯が立っている。「水下拾三ケ村」が奉納したものである。

それを見ている間も、ある音がしていた。気がつくと水の音である。ある教科書検査官が、水の流れを「どぶるる」と表現した子供の詩を削除せよと言った。検査官の理由は、水は「さらさら」流れるものだからというのであった。ばかげたことだ。ここの水音はまさに「どぶるる」である。

神社の左側はまた一段下がってすぐ、員弁川である。そこに取水口があり、速い勢いで流れ入り、どぶるると音を立てている。川原に茂った草ごし、員弁の本流が白くみえ、そこを子供たちが三人ほど上流に歩いていった。

麻生神社

今井野菊の「北勢踏査」（大天白神、五六～六一頁）によると、この大天白明神の御神体は石棒（高一三二・三センチ、幅一二一センチほど、中ほどに地蔵が彫られている）である。また大天白明神代々の禰宜《ねぎ》、伴氏の屋敷神は「社護神」で、これまた御神体は石棒であった。当主の伴治兵衛は「この社護神に参る前に、必ず崖下の員弁川の清流で沐浴斎戒し、社護神を参拝してから、大天白明神の社殿に参内した」という。私は、麻続氏と麻生神社禰宜《ねぎ》との関係から、諏訪神社の現人神大祝氏と、神長守矢氏との祭政体を、思い出す（「7 諏訪大社」を参照）。

麻続氏族は、本地の員弁で麻続氏の職である苧麻栽培と生存・生活に不可欠の稲作をいとなみ、その過程で、員弁水系の治水になやんだことであろう。このとき加護を祖神天ノ白羽に祈り、天白神は治水・農耕の神格をもつようになった、とわたしは考える。麻生（天白）神社のたたずまいのなかに、それは感じとれるのである。

それから⑥楚原の天白神社へまわった。「御厨天白神社」の文字も大きく明らかな石柱（奉納楚原山所有者一同、昭和十三年一月）が立っている。さきに書いたように、古い大井田厨《くりや》はここから南、員弁川の向こうにあるし、時代がさがって楚原（その南の御園）も厨となったのかもしれない。

楚原の天白神社の祭神はアマテラスとされている。神紋は（太陽の中の金烏）三本足の烏。

祭日は八月十五日で神体はここでも石棒である。社はもと員弁川畔にあったが、洪水で流失し、現在地に移った。いまの社地はうっそうとした樹叢《じゅそう》をなし、ケヤキやツバキが目につく。ケヤキには野生のフジの蔓《つる》がまといついている。

この樹叢はもとはもっとしげっていたようだが、言い伝えで、この楚原の天白さんは、霊験あらたかで、森の小枝一本折っても祟《たた》るとされていた。そのため火事にあったり、手が動かなくなった、という話もある。

祭神アマテラスというのは大井田厨とのかかわりから生じたものだろうが、天白さんの名でとおっている。「祟る」神にされているケースは、こんどの〈天白紀行〉では、ここ楚原の天白さんがさいしょであった。

樹叢の奥に小祠《しょうし》がある。その前で見取り図を書いて出てくると、通りがかりの中年の男が声をかけてきて、天白を調べて歩いていると知ると、かってこの楚原の天白の樹叢の枝を折ったり、木を切ったりした人が、怪我《けが》など思わぬ災難にあった話を、きかせてくれた。祟る神のもとは、勢威のあった神である。天白は員弁で勢威のある神だったのである。

員弁の天白は以上①③⑥の三社が主たるものだが、ほかに川辺の④大安町高柳と山の方へ入った⑤同町宇賀の二所に天白社があり、後者は祭神を天白羽神としている。

（昭和52年1月26日）

楚原の御厨天白神社

▼追補

天白の源は天ノ白羽神だとする今井野菊や私の説に、「語呂合わせをしているにすぎない」（謎の天白、四五頁下段）とした三渡も、「伊勢には天白の祭神を天ノ白羽とする例が多数ある」（同、四六頁上段）と次を挙げている。

①北勢町麻生田（現いなべ市北勢町）　麻生神社　長ノ白羽神
②四日市市山之坊（現四日市市水沢町）　天白社　天ノ白羽神
③四日市市川島　天ノ白羽神
④員弁郡大安町（現いなべ市大安町）宇賀　天白社　天ノ白羽神
⑤鈴鹿市山本　椿大神社末社　天白羽神
⑥松阪市高木　天白祠　天長白羽神
⑦多気郡明和町　竹川神社　長白羽神
⑧伊勢市神社港（地名天白）　長白羽神
⑨三重郡菰野町　麻績神社　（天白大明神）
⑩多気郡明和町　中麻続社　（天白神）

⑨⑩は「天白神を祀る社を麻績神社と改称した」（謎の天白、四六頁上段）ものである。このあと「天白をテンパクと呼ばずにアマシロと言った」興味ぶかい例を挙げている。「三重県一志郡三雲村〔現松阪市の北部、海岸に沿っている〕の合併前の一村に天白村がある。筆者の生れた村の隣村であるが、後にはテンパクと発音していたが、この村名の起源は村の中央の字名の天白（アマシロ）を採ったもので、村の発足当初はアマシロ村と呼んでいたと『三雲村庶民史』に明記してある。唯一の残存例かも知れないが、テンパクははじめアマシロと称したのではあるまいか。ここは現在水田である」（同、四六頁下段）。テンパク、アマシロの先後は分からない。

三渡さんは「以上の諸資料から推して天白は天ノ白羽神の略称であったと思う」（同、四六頁下段）とした。語呂合わせでないことになったのである。

北勢、員弁川流域は、野菊さん自身も足をはこんだほどシャグジも分布し、天白研究ではいの一番地というべきところである。はじめは天白が神麻続機殿神社の地から員弁へ移動したと考えていたが、機殿は氏職の荒妙衣を織るハレの場で、苧麻を栽培した員弁川流域が生活の本拠と考え直した。機織の神から治水・農耕の神に変わったのではなく、機織の神がまた治水・農耕の神でもあった。そして、後者（治水・農耕）の神格ゆえに三遠・伊那谷へと広がっていったのである。

5 三河

▼**追補**

三河は西と東に分けられる。西三河は矢作川の流域、東三河は豊川の流域である。旧事《くじ》本紀《ほんぎ》の国造本紀によると、西三河は三河国造《みかわのくにのみやつこ》、東三河は穂国造《ほのくにのみやつこ》が支配していた。この穂が、木↓紀伊、渭↓井伊と同じように、宝飯郡の名にひきつがれた。

三河の国府は、名鉄名古屋本線のこう（国府）駅の辺と推定されている。三河、穂の境の辺である。豊川左岸の下流域になるが、四カ所の銅鐸出土地がある。御津《みと》(すなわち水戸、国府の港、国府津である)町(豊川市)の広石出土が愛知県唯一の流水文銅鐸、小坂井町(同市)の伊奈出土は、三遠式銅鐸が三点。豊川市では、平尾出土の三遠式銅鐸(東京国立博物館蔵)、千両《ちぎり》出土の袈裟襷文《けさだすきもん》銅鐸。

豊川をさかのぼるのは、国道一五一号（伊那街道）だが、鳳来町（現新城市）で分かれて設楽《したら》町、稲武町（現豊田市）へ北上する国道二五一号で、設楽へ入ったところの田峰《だみね》からも、袈裟襷文銅鐸が出土した。袈裟襷文の銅鐸は近畿式とも呼ばれる。

三遠の、遠の方の銅鐸は、辰巳和弘作製「遠江地方出土の銅鐸」一覧表にみるように、二一個もあり、「全国的にみても、この地方は銅鐸出土地がとくに集中している地域として注目される」（日本の古代遺跡1静岡、一九八二年、二〇九頁）。二一個のうち、天竜川以西が一八で、一八の内訳は三遠式が一二、近畿式が六である。辰巳は、天竜川以西の出土地が、小規模な谷の斜面か谷頭《やがしら》か、河川の岸辺またはその近くかに埋納されたのが大半であることから、「銅鐸が水に関する祭器であること、川神や水神をまつる農耕儀礼に使われた祭器であり、個人が所有するものではなく、村落の人びとの共同のまつりの場で使用されたものであった」（同、二一二頁）と推考している。

銅鐸は、弥生時代前期末から後期にかけて使われた祭器だが、弥生をイナ作の時代とみなすのだから、まさしく弥生時代の治水・農耕の祭器だった。その点で銅鐸は、天白よりも少なくとも一〇世紀以上はやく、イナ作とともに三遠から伊那谷をへて諏訪へ移動した。

安城では八剣神社に天白――縄文晩期の集落地跡

前夜は行き暮れて、長島温泉に泊まった。こんなことでもなければ来ることはないところである。しかし現代という時代では、天白などというえたいの知れないものを訪ねて、あげく迷いこんできたわたしの方が、異常だということになるのだろう。

朝、早立ちして、名四国道をいっきに抜けて、安城市まで行った。きょうは一日、三河の天白を探訪する。三河の天白については、つぎのように報告されている。

①八剣神社　安城市東端町字天白　祭神　素戔嗚命（明治十年十月二十四日末社天白社合祀）
②天白社　岡崎市明大寺町天白前　祭神　瀬織津比売命（明治四十三年七月九日六所神社に合祀）
③天白社　岡崎市明大寺町向山　祭神　瀬織津比売命（明治四十三年七月九日六所神社に合祀）
④天白社　岡崎市羽根町字西郷　祭神　瀬織津比売命（明治十年十月稲荷社境内社に合祀）
⑤天白社　岡崎市天白町字吉原八五　祭神　瀬織津比売命
⑥富田神社　幡豆郡吉良町（現西尾市吉良町）富田　祭神　須佐之男命
（大正二年九月二十八日字天白の天白社〔祭神　天香々背男命〕を合祀）
⑦志葉都神社　幡豆郡吉良町（現西尾市吉良町）津平　祭神　建津枚命（末社に天白社）
⑧羽利神社　幡豆郡吉良町（現西尾市吉良町）荻原　祭神　大物主命

（大正二年末社に天白社〔祭神　天白之命〕合祀）
⑨天白社　額田郡額田町宮崎大字中金字万足（大正二年一月十八日同村明見の宮崎神社に合祀）
⑩天白大明神　〃　高宮郷　祭神　瀬織津比売命（文禄二年九月八日に勧請　祭日九月九日）
⑪天伯神社　豊橋市高師畑田

右のうち、いちばん手前、つまり西三河でもいちばん西の安城市の①から訪ねることにしたのである。

東端町八剣神社はいま長田川にそってある。神社の由緒を記した板が入り口に掲示されている。その「末社記」に「天白社　天児屋根命　元字天白」と記されている。

別に「東端貝塚」の高札が立てられている。縄文晩期中ごろ（三〇〇〇年前）のもので、いまは神社境内の一部に残るだけだが、もとはその南一〇〇メートル四方以上にかけてひろがる大集落地だったという。

出土土器は約六キロ北東の堀内貝塚と同じものである。一九六一年、新幹線工事の土取り場に指定され、貝塚の大部分が削りとられた。――これでみると天白の再住地もまたさわがしいのである。

それからいまの矢作《やはぎ》川をこえ、⑧矢作古川ぞいの荻原へ行った。ここの羽利《はり》神社に、大正二年、天白が合祀《ごうし》されたという。神社の裏にはすぐ名鉄西尾線がとおっている。入り口の鳥居の右に高い石柱が立ち、そこに羽利神社の祭神は、ヤマトタケルノ命とオオモノヌシノ命であり、もと五反八《ごたや》組に座《ま》したアマテラス皇大神と、もと細畑組に座した天白之大神とを、合祀した旨が書かれている。

反対の方に社務所があり、そこへ行ってきいたが、神職はおらず、当番風の主婦にけげんな顔をされるばかりである。石柱のところまできてもらった。天白はわからないが、このへんの世戸《せこ》は、埋畑組、細畑組、上組、中組、下組、五反八組の六つに分かれていて、細畑組というのは、東北一㌔の細畑という集落のことだという。

さっそく細畑にまわってみたが、矢崎川が幡豆の山塊にぶつかるところである。

安城市桜井の郷土史家鈴木和雄は、①東端の天白、⑥⑦⑧の吉良の天白の「四社とも共通した事は海岸線の昔は海上交通便の要所であった地点であること、海から渡って来た事は想像出来る」としている（今井・大天白神による）。

それからもう一つ、⑥の富田へ行った。もと字天白にあったのを、大正二年九月二十八日に、スサノオノ命をまつる富田神社の末社として、合祀したというものである。

行ってみるとごくふつうの村の鎮守である。鳥居は寛永七年（一六三〇）十一月十五日建立とあり、これはもともとのスサノオ神社のものだろう。高麗犬《こまいぬ》は昭和天皇即位の「御大典記念」として、昭和三年十一月十日に立てられた。

わたしはちょうど昭和史講座の第一巻、昭和の序幕を編集していて、政府の天皇在位五十年式典とはちがう考えだが、昭和史を即位の大典からはじめようと考えていたので、天白をしばらくはなれて、この高麗犬をみつめていた。

（昭和52年1月27日）

祭神はセオリツヒメ——風水除けの民間信仰の神

岡崎市の天白四社のうち、どれか一つをえらぼうとした。やはり⑤天白町の天白社をえらぶことにした。他の三社はみな合祀《ごうし》されたものだし、町名にまで天白の名をのこしたものの方がいいと、考えたからである。

この天白町の天白社については、岡崎市史に出てくる。「天白神は風水の神である。伊勢から此の地方にかけて甚だ多い。当社は矢作川の東堤畔にありて、往古水防のため鎮座せしめたものであろう。創立年代は明らかでないが、〝天白〟の地名は、天白神の祀られしより起ったものであろう。天文十五年（一五四六）の古文書に〝天白道場〟の事が記されているので、此の神社の勧請は、それ以前の事は明らかで、古くから祀られていたものである」

　この考えはおしつめると、天白は「風水除《よ》けの〔民間信仰〕神」で、そのもとは「修験《しゅげん》道《どう》」から出たもの、ということになる。そしてこの考えは、一つは「風の神」という柳田説、もう一つは天白信仰は修験道からおきたとする和歌森太郎説に、よっているのである。ただ風の神が風「水」の神となったのには、三河一帯の天白神が、いずれも矢作川水系のへりにまつられていた事実からの帰納であって、この点が注意されるのである。

　この神社は予想に反しなかなかわからなかった。五万分の一地図には、東海道線の南に天白町、北に六名町の名をいれているので、はじめ南の方ばかりをさがした。それから一度ガードをくぐり北に出、丸八青果市場わきのそれらしい森にも行ったのだが、寺だったのでひきかえした。その寺の先をまわりこむと天白神社だったのである。また南にもどり、老婆にきくとそうと教えてくれた。

　入り口の寺は「三河秩父二十四番、田植観音天白山慈雲寺」である。それでおもいだしたが、⑧吉良荻原の羽利神社も、その前に一寺があり、「三河三十三観音、第二十六番札所、荻原山海蔵寺」だった。慈雲寺と天白神社とどういう関係なのか、住職にあって聞きたかったが、今日は三河山中の明見まで入らなくてはならない。断念した。

　天白神社は、いま少しひろくなっているが、石の列でそれとわかる昔の細い道で鳥居へ

岡崎市天白町の天白神社

通じる。三段ほどの石段で、「村中安全」と彫った鳥居をくぐる。この鳥居は明治二十一年九月の建立である。そのわきの「村社天白神社」の石柱は明治二十三年である。

拝殿と本殿は、矢作川を背に立っている。社地と矢作川堤防とのあいだは用水溝で、その取り入れ口は神社の右後方にある。

この配置からみると、たしかに天白は防水、治水の神としてのたたずまいをもっている。この神社は、北勢の麻生《おう》神社などにくらべると、ほったらかされている感じがする。この神の勢威がおとろえたとき、隣の天白山慈雲寺の田植観音が、かわって尊崇されたのではないか、という気がする。

岡崎の天白四社、額田郡の天白二社、みな祭神が「瀬織津比売命」である。セオリツヒメというのは、賀茂神社の下鴨社にある摂社、井上社の祭神である。いまもおこなわれる矢取の神事は、若者たちが水底にくぐって五十串《いぐし》を取り合うもので、セオリツヒメのためのみそぎ祓《はらい》の行事であるが、これはもともと賀茂神があらわれるときに介ぞえした水の女セオリツヒメの秘事であった。

そして賀茂のみあれの祭りと同じように、もともとの伊勢神宮では、五十鈴川の瀬をくぐってみあれする神と、これに介ぞえする巫女《みこ》神への信仰があった。五十鈴川の流れに浴《ゆあ》みするセオリツヒメ、もしくは棚機津姫《たなばたつひめ》があったのである。

三河の天白社に、祭神をセオリツヒメとするものが多いのは天白が水の神とされたのち、これに重ねて信ぜられたものではないだろうか。岡崎市天白町の天白神社で、わたしはそう思いだしていた。

（昭和52年1月28日）

伊那谷との交流の中で ―― 予想通り双体道祖神

愛知県額田町明見の⑨宮崎神社を訪ねた。明見は、矢作川の支流男川（下流で乙川）ぞいにある。この川筋の道は、けっきょく、挙母《ころも》、足助《あすけ》町、稲武町（いずれも現豊田市）をへて、根羽村、浪合村（現阿智村）、阿智村、そして鼎町（現飯田市）、飯田市へ通じる三州街道（現国道一五三号）に、稲武町で出る。もう一つ豊橋から、新城市、東栄町をへて、新野（阿南町）、阿南町、下條村、飯田市に通じる別所街道（現国道一五一号）がある。この別所街道の元長篠城あたりから北上して、三州街道稲武とをつなぐのが伊那街道（現国道二五七号）で、先の男川筋の道はこの伊那街道につながるのである。

これらの道は、わたしにとってたいへんなつかしい道筋である。道祖神、天白、社宮司などを追って、また三河の花祭りを訪ねてとおった。

額田郡の天白は、伊那とのつながりで大いに関心がある。二つあった。そのうち、⑩高宮郷（現岡崎市明大寺町）の天白は、参河見聞集に「額田郡高官郷天白大明神は人皇百八代後陽成院の御字文禄二年（一五九三）九月八日勧請す。願主は近藤延之助藤原義詮なりと云ふ」と、めずらしく勧請の年次、願主の名のわかった天白である〔じつはこの高宮郷、今井本（大天白神、じつのところ誤植がぽつぽつある）に「高官郷」とあったが、官は誤植だった〕。

⑨明見の天白は、もと宮崎村（現額田町）大字中金字万足にあった。明治十年、明見の宮崎神社（祭神牛頭天王）の境内社に移転し、大正二年一月十八日同社に合祀《ごうし》した。

訪ねてみると、男川の右岸、明見から山手に入る。道わきに鳥居（大正十年四月）があり、そこからまっすぐ神社までつきあたる参道が、茶畑の中をつっきっている。つき当たると、朱塗りの両部鳥居が、神社の杜《もり》の緑を背に美しいし、大きな御神灯二基も杜とつりあいがとれていて、なかなかいい神社である。歌碑も多い。

この境内に予想どおり双体道祖神がある。鈴木源一郎・東三河―百姓の神々（道祖神）に、碑型・兜巾《ときん》型、姿・握手像、大きさ・高さ三五×幅二二、基壇・切石一段、造立年月・刻なし、と出ているものである。境内の大きな二《ふた》また銀杏《いちょう》の下にたっている。

左が男神、右が女神、ともに顔容が摩滅してわからない。内側の手を握りあい、男神の右手は大きな葉うちわようのものを掲げている。

明見の宮崎神社

宮崎神社境内の双体道祖神

額田町はほかにも、保久に供手座像のもの、井沢に自然石の男根のもの、桜形に握手像と、計四基の道祖神がある。これらは、東海道における双体道祖神分布の西端にあたる。社宮司もまた中伊、南大須、蓬生《よもぎえ》、下衣文《そぶみ》、牧平などに分布し、ここから岡崎辺にむけてじつにおびただしく分布がひろがっている。

これら道祖神、社宮司は、あきらかに信濃から伊那谷を通って、三河に波及してきたものである。それが天白分布と交錯している。

社宮司と天白について、安城の郷土史家鈴木和雄は、こう言っている。岡崎市史のいうように、もし天白が「風水よけの神」なら、三河湾の入江だったところ（吉良の天白）あるいは矢作川の氾濫《はんらん》地で水難をおそれたところ（安城・岡崎の天白）では、格好だが、それでは昔から水の被害をうけたところに天白があるかというと、ないところの方が多い。こうのべて「宮崎村の場合などは、信州に通ずる古道の山間部」にあるとして、ここの天白には「風水よけの神」説がうまく当たらないことを、暗に指摘している。そして「付近に社宮司社のあること」に目を向けている。

それだけに、もう一つの「高宮郷」の天白〔連載時には高宮郷がわからなかった〕の地勢をみたかったのだが、いずれにせよ、額田の天白は、信濃―三河―伊勢との交通の中で考えなければならない性質のものである。「高宮郷」の天白は、十六世紀末の勧請《かんじょう》でそう古くない。この天白は、おそらく岡崎城下のものが勧請されたのであろうが、その奥手の伊那谷にも天白の線は、確実にのびているのである。

（昭和52年1月29日）

▼追補

三河の天白については、今井野菊・大天白神（一九七一年）に収録された、安城市の郷土史家鈴木和雄の「尾張便り」二通に挙げられた一〇社（第一信四社、第二信六社）に、豊橋市高師の天伯神社を加えて、一一社を記しておいた。その後、名古屋市天白区天白町の三渡俊一郎・謎の天白（一九八二年）が、西三河三〇、東三河二九、計五九もの天白社・天白地名を記している。これをみると員弁郡史が、分布を主眼視したもので当たってはいないが、「天白神ハ尾張、三河ノ特色ナリ」としたのが思い出される。美濃・尾張の分も加え、巻末（「追補　天白一覧」二七一～二七三頁）に濃尾・三河の天白一覧を借用する。序論に書いたように「天白の総記録」を作り、消えていく（無き数に入る）天白の名をぞとどめたい。

6 伊那谷

歴史の道、三遠—信濃 —— 稲作・銅鐸・信仰が通る

濃尾平野と信濃との連絡路は美濃の恵那から伊那に抜ける神坂越えが、いちばん古かったとされている。現代でも中央自動車道が恵那山トンネルを抜ける。

神坂峠は一五九五メートルある。いま別所街道（国道一五一号）で三河（豊橋）から伊那（飯田）へ行くには、新野峠一〇六〇メートルを越える。五〇〇メートル低いが、山塊の幅が厚いし、濃尾から三河へまわるのがそもそも迂回《うかい》である。

万葉集にも神坂をうたった一首が出てくるようにヤマトからは神坂越えで伊那、信濃に抜けたのである。

しかし、ここで〈歴史〉というものについて一考したい。もし歴史を中央政府（ヤマト）との関係で地方をみる見方なら、「神坂越え」（中央自動車道）は大文字で書かれ、「新野越

え」〈国道一五一号〉は小文字で書かれることになる。このような歴史観にわたしはしたがいたくない。

〈歴史〉のほんとうの大文字は現地住民の生活、人生であり、中央政府との関係の「歴史」は小文字でしかない。これがわたしの歴史観である。

それをもってみると、「神坂」よりも「新野」の方が重い。この経路のしんの軽重を示すものとして、天白がある。天白は、中央政府との関係であるのではなく、現地住民の生活の苦楽とともにある。その証拠に、ヤマト王権の神坂峠越えの道（美濃国中津川から信濃国飯田まで）にも、この道を徑道険隘、往還艱難として、新しく大宝二年（七〇二）十二月十日に開き始めた美濃国の岐蘇山道（完成は和銅六年〔七一三〕七月七日）、のちの木曽路（木曽路ははじめ山道で、のち木曽川の谷筋沿いに降りてくる）にも天白はない。

▼追補
三河・遠江、すなわち三遠地方から、信濃へ抜ける道はみな、伊那谷の南端、いまの飯田市に集まる。旧街道の名よりも、分かりやすい現在の道のよび方でいうと、国道一五一、一五二、一五三号の三本である。

西からいうと、一五三号は豊田市・岡崎市から、一五一号は豊橋市から、一五二号は浜

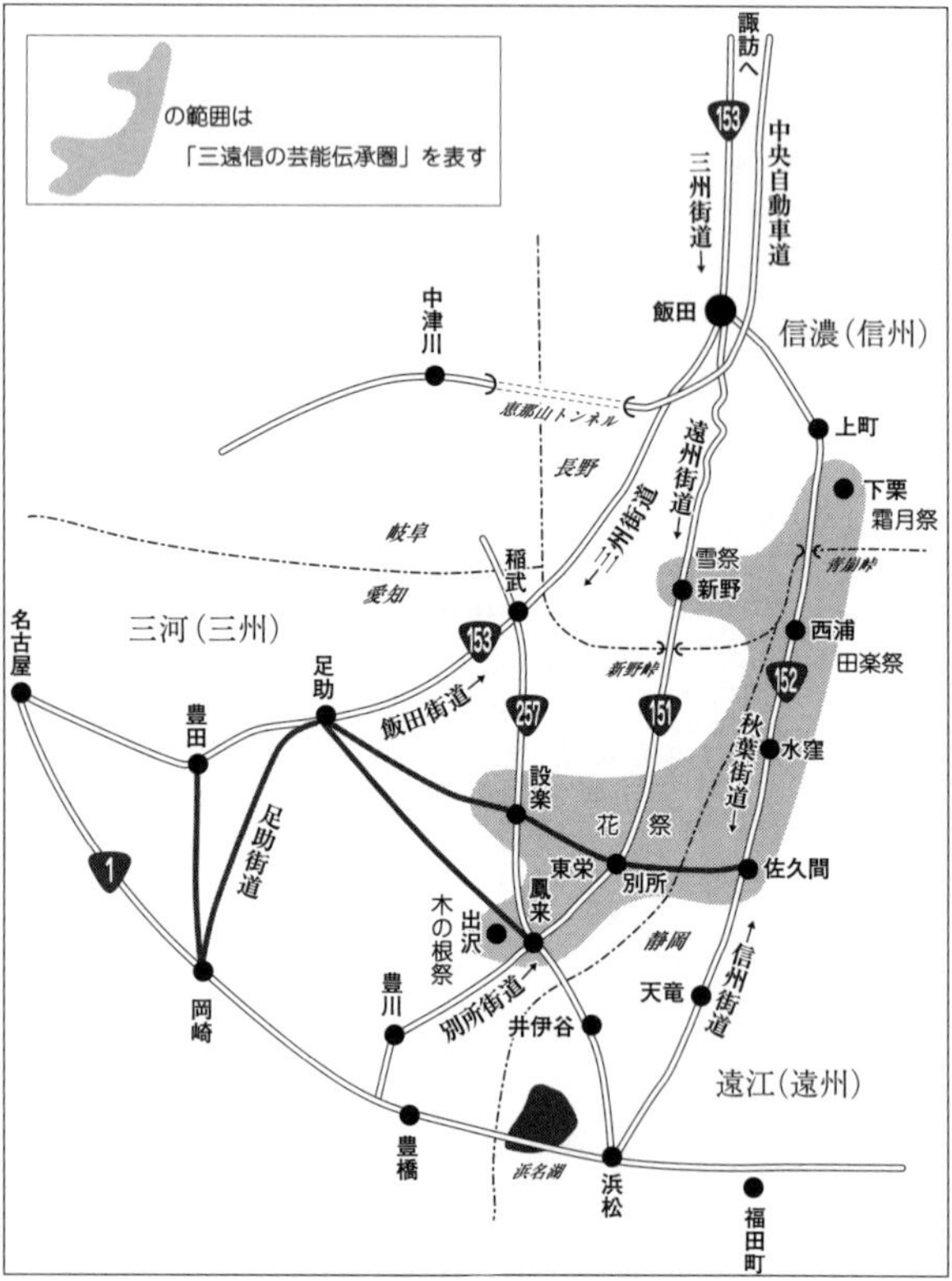
の範囲は
「三遠信の芸能伝承圏」を表す
諏訪へ
153
中央自動車道
三州街道
飯田
信濃(信州)
中津川
恵那山トンネル
上町
長野
遠州街道
三州街道
下栗
霜月祭
岐阜
青崩峠
雪祭
新野
稲武
愛知
名古屋
三河(三州)
西浦
田楽祭
153
足助
新野峠
152
飯田街道
豊田
257
151
秋葉街道
水窪
設楽
足助街道
花祭
1
東栄
別所
佐久間
鳳来
木の根祭
出沢
静岡
信州街道
天竜
岡崎
豊川
別所街道
井伊谷
遠江(遠州)
豊橋
浜名湖
浜松
福田町

伊那谷への路

松市から、いずれも長野県第三の都市、飯田市に通る。このうち一五三号だけが天竜川が造った伊那谷を北へ通り抜け、諏訪湖を脇目に塩尻峠を越え、塩尻市で木曽路（国道一九号）と出合う。

ついでに三本の道の街道名をみておこう。道は、己れの所からみての行先の名で呼ばれるから、三遠からの行先（伊那谷）と、伊那谷からの行先（三遠）とは、逆の名で呼ばれることになる。

一五一号、伊那谷（飯田市）からは遠州街道、東三河（豊橋市）からは別所街道。

一五二号、伊那谷（飯田市）からは秋葉街道、遠江（浜松市）からは信州街道。

一五三号、伊那谷（飯田市）からは三州街道、西三河（岡崎市、豊田市）からは飯田街道。

街道名のうち、別所は、一五一号がまだ愛知県（東三河）にある間の村の名で、東栄町本郷の旧名である。まだ長野県（信州）へは入らぬが、この道は豊橋（旧、吉田）からまっすぐ北上せず、東北へ寝たようにのびて、別所のあたりで北に向かうので、この名がついたと思う。秋葉は、一五二号の真中辺に火除けの神を祀る秋葉神社の名である。

飯田に向かう三本の街道と、これらを、足助《あすけ》（一五三号）、設楽《したら》、別所（一五一号）、水《みさ》窪《くぼ》（一五二号）と、横につなぐ道とが、三遠信の天白信仰圏で、ほんとうの大文字の〈歴史〉的な道であった。

三河・遠江（三遠）と信濃を結ぶ道を、いろいろのもの、文化、信仰、人が上っていった。まず第一はイナ作の道であった。イネは、弥生早期（歴史民俗博物館の研究グループによるC.14年代測定では紀元前九五〇年）に北部九州に入り、弥生中期にはすでに諏訪をとおこして、南佐久にまで入りこんでいる。この時期、信濃に二つの文化圏ができていた。北の、善光寺平を中心に犀川、千曲川流域から関東におよぶ箱清水圏文化。南の、天竜川中流域を中心に、上伊那北端、岐阜県中津川、静岡県佐久間にわたる座光寺原・中島圏文化。

つぎ第二に銅鐸《どうたく》が上っていった。三遠式銅鐸である。いまはない諏訪の考古学者藤森栄一は、その製作地を遠江の佐鳴湖周辺とみた。この銅鐸は三河の北設楽《きたしたら》郡田峰《だみね》から出た。考古学者大場磐雄は、これがやがて信濃から出ると予測した。そのとおり三遠式銅鐸は、塩尻市柴宮から出土し、また田峰式銅鐸の破片が松本市宮淵から出土した。

第三に神々とそれを奉じる集団が通った。一つは、これも藤森栄一の名著・諏訪大社（一九六五年）が解き明かした、諏訪大社の神格の変化である。弥生中期を上限とし五世紀を絶頂としたミシャグチ（社宮司）信仰＝守矢祭政が、八世紀に入ってきたミナカタトミを奉じる大祝《おおほり》氏の祭政にとってかわられる。その大祝の即位式に天白がからんでいる。もう一つは麻続氏の移動である。麻続氏の移動は、伊那・飯田の北の麻績神社、東筑摩郡今井の続麻《つうそ》神社をへて、東筑摩郡麻績村へとたどることができる。天白信仰の伝播《でんぱ》はこの線上にある、とわたしは考えている。伊勢―三遠―信濃の道は、まことに興ぶかい〈歴史〉の道なのである。

（昭和52年2月1日）

年に一度現れる大小天伯――遠山の霜月祭りの日

三遠から伊那谷への道は、また民間芸能と民間信仰とが、交錯する道であった。わたしの道の思想史、Ⅲ部紀行（一九七二年）は、これを見ようとして木曽路、諏訪、伊那路を歩いた一年間の紀行であった。

ふたたびそのなつかしい新野を訪ねたが、一九七六年は妙な天候だった。渡欧した五月、スイス・アルプスの山上で二八度、パリでは三〇度をこえた。そして八月、日本列島は北からの冷気団におおわれ、東北・北海道は冷害にみまわれた。この原因は地球自転の軸のぶれだったという。

新野は涼しかった。まるで「北方の大陸からの冷気に、直接つながるパイプをもっている」（道の思想史）かのように、渡ってくる風が白く澄んでいた。

新野の田楽祭りは、折口信夫によって「雪祭り」と名づけられた。

この祭りにはいろいろの神事が複合しているが、ハイライトは「庭の儀」である。しつらえられたひろばで、訪れてきた神と在地の民とが交流する。このときの主役の神は道祖神（「さいほう」）であり、天白である。「さいほうが登場したとき、群衆はいっせいに、〃おとっさまようおいでた〃とはやしたてる」（道の思想史、Ⅲ紀行、設楽）。これについては三隅治雄に周到な考察がある。「庭の儀」の一つ「天狗《てんごう》」には、太郎、次郎、三郎の赤鬼三匹が登場する。禰宜《ねぎ》衆とのはげしい問答にまけ「鬼さま負けてお帰りだ」とはやされつつ退散する。

「鬼の芸は――と三隅はいう――三河・遠江地方の祭事にも多く見られ、寺院の正月の修《しゅう》正《しょう》会《え》の鬼追いの作法が影響したものか、と考えられるが、山村の信仰では、鬼は同時に天狗で、それは山の神の化身だと考えられている。信・遠・三地方の山住《やまずみ》さま・天伯さまなどといわれる神がそれだ。新野でも伊豆神社のうしろの伽藍さまを天狗とみている。そうした山の神々が、村の祭りにやってくるという信仰が、だから一方にあるわけだ。雪祭りでは、山の神来訪の信仰と、修正会の鬼追いの作法が混交して、祝福に来た鬼が、最後に追い立てられるという。一見不調和な、それでいて古風な民俗をしのばせる芸になっている」。

この「庭の儀」は、遠江の水窪《みさくぼ》町西浦の田楽祭りが伝播《でんぱ》した、とされている。その水窪から高遠にでる信州街道（現国道一五二号）ぞいに天白社がある。

①　遠山下栗（現飯田市上村）　天伯社
②　遠山中郷（現飯田市上村）　天白社
③　遠山木沢（現飯田市南信濃）　天白社

そして、遠山の霜月祭りには「天伯の湯」の場面がある。このとき、大天伯（ヒーノー様）と小天伯（ミーノー様）が登場すると、氏子がいっせいに、

大天伯の湯殿に渡るヤンヤハーハ
小天伯の湯殿に渡るヤンヤハーハ

と唱和する。むろん面をつけて出るのだが、この祭りでは天伯が群れをなして登場する。富士天伯、朝日天伯、平松天伯、てろう天伯、宮天伯。それはあたかも、あの伊勢神宮の天白神楽がこの世に現れたかのようである。

赤い天狗のような面の大天伯が、神殿からたすき掛けに帯刀してあらわれると、氏子は、

遠山の霜月祭り（上町）に登場する天白
（上村自治振興センター提供）

上町の冨士天伯社

お出やった、お出やった、ヒーノー様がお出やった

と囃《はや》したてる。天伯と民との親密な交流がしのばれる。

おそらく、いまの日本列島で、天白がただ一カ所、年に一度いきいきとよみがえるのはこの遠山の霜月祭りだけなのである。

遠山では、大小天伯がもっとも格が高く、自由に空を馳《か》け、次の宮天伯は宮（神社）の森に住み、建物、幡《はた》その他の祭具を守っている。そしてこれらの天伯は、みな三遠地方から、（一二世紀の今でも未通の青崩峠をこえるのは無理だから）別所街道などを経て、天竜川支流の遠山川沿いに、遠山に入ってきたのである。

新野、遠山の祭りにみられるように、天白は年に一度訪れくるマレビト（稀人）神、マロウド（客人）神だった。それが山の懐のひろい南信、北三河、北遠江に残り、いまはわずかに土着しているのである。

（昭和52年2月2日）

▼追補1

私は一九七一年に、道の思想史のⅢ紀行を書く取材で遠山谷に入り、それを同書の「鹿塩」の章に書いた。その一節を次に引く——遠山谷では、十二月八日、二月八日に風邪の神送りをする。このとき木沢〔旧木沢村、いま飯田市南信濃で遠山谷に最も近い〕では、子供たちが、「さんより　さんよりよ　とうとの神を送るよ」と唱えながら、村境までいき、禰宜の禰宜とともに御幣をほうり投げ、竹の葉につつんだ団子（オヒヤシ）をとりあい、禰宜のもつ刀の下をくぐり抜ける。下栗では、「さんよりよ　とうとの神を送れよ　ちいちのほっぽに　さんよりよ」と唱える。松山〔義雄、いまの飯田市南信濃の遠山川沿い和田の住人で、山国の神と人、一九六一年、の著者〕によれば、

〝さんよりよ〟というのは「さあ、この御幣によりなさい」という意味で、これは風邪の神にいうのです。〝とうとの神〟は唐土の神で、風邪の神のようなよからぬ神は異国からの渡り神であると、みているわけです。

須沢（旧木沢村須沢、天白社がある）では、疫病除けの神、津島様を送ることで、風邪の神を送ることにしているが、このとき、こう歌う、

東方の
やつがお山の八ヶ岳
道あけ給え　きょうのきく神

行く先に
花の都をもちながら
何とてここに長居しょうずる

天白に誘い誘われ
発つときは
森も芒《すすき》もなびきしょる

「遠山谷では山神は山全体を支配する神様。摩利支天は鉄砲をまもってくださる神様で、……諏訪明神様は獲物のありかを教えてくれる神様……天白様は土地の主人公、つまり大地を主宰する神様といわれています。それ故、神々の中の最も古い神様であるとともに、すべての神を総監督する実力者としてあがめ恐れられてきました」とも松山はいう。

山深い遠山谷の須沢の歌に、やつがお山の八ヶ岳、が出てきたのがおもしろい。「8諏訪」のはじめに書くが、タケミナカタ・大祝の諏訪征服に、洩矢神は服従したが、一族のヤツカオ神はさいごまで抵抗した。ヤツカオは本拠地（八ヶ）岳に拠って戦ったが、ついに流れ矢に当たって死んだ。やつがお山は、ヤツカオ神の山八ヶ岳の意であるし、八つのお山の八ヶ岳でもある。地図をひろげてみると、八ヶ岳山麓のいちばん西端が茅野市、古代では諏訪上社前宮がある。そこから杖突峠（一二四七㍍）をこえると、三峰川の支流・藤沢川沿いに杖突街道（国道一五二号）で高遠町に抜ける。山は深いが分杭峠を越えると鹿塩であり、もう一つ地蔵峠を越すと遠山谷である。それに接する旧木沢村須坂の風邪の神の祓歌に、八ヶ岳と天白（あの前宮での大祝即位式で、御帝戸屋に祭られる天白）とが揃って出るのも、そうふしぎがる必要はないのだろう。

▼追補2

「大正九年の七月十九日、一人の青年が、波合から新野高原をよぎって遠江《とおとうみ》へぬけていった。中津川から静岡まで地図上で直線をひいて、できるだけそれに近く歩いてみようとしたのである。ただ通過していった。大正十五年一月、青年はいま一人とつれだって、三河北設楽《したら》郡豊根村牧ノ島三沢の花祭り、信濃下伊那旦開《あさげ》村新野の田楽祭りをみに、ふたたびこの高原にあらわれた。若い日の折口信夫と、『花祭り』を書いた早川孝太郎の二人である。それから折口は、「花狂い」となって、昭和七年まで毎年、花祭り、田楽祭りを探訪している」（山田宗睦・道の思想史、Ⅲ紀行、一四一～一四二頁）。

「新野の田楽祭りは、折口信夫によって雪祭りの名で紹介され、定着した。祭りのなかに、新野伊豆神社境内の神祠を巡拝する「御参宮《さんごう》」があり、このときめいめいが雪を投げる儀礼がみられるし、また「さいほう」「もどき」の神態《かみわざ》のとき、その役の者も雪をなげるし、「ビンザサラ舞」でも舞人が、大雪でござりまするぞと連呼する。これらが、雪を豊年の予祝とみなす農耕神事のあとであることはあきらかである。〔また〕これによって田楽祭りを雪祭りとした折口に、花祭り、雪祭りとならべる雪月花の美意識があったことも、たしかであろう。（中略）折口の構想した芸能伝承と、〔天白、シャグジなどの民間〕信仰伝承とが、どこかで根ぶかく一致することは、たしかである」（同、一四二～一四三頁）。

三河は設楽の花祭り、信濃は新野の田楽祭り（雪祭り）と遠山の霜月祭り、そして遠江は水窪《みさくぼ》町西浦《にしうれ》の田楽祭りと「一線に民間伝承芸能がつらな」（同、一四二頁）り、遠山の霜月祭りに「天伯の湯」の場面があり、大天伯（ヒーノー様）・小天伯（ミーノー様）が登場すると、氏子がいっせいに、

大天伯の湯殿に渡るヤンヤハーハ
小天伯の湯殿に渡るヤンヤハーハ

と唱えることは、〈天白紀行〉でも書いておいた。
早川孝太郎の「花祭り一覧表」によると、三河の花祭りは、――

十二月	二日	御殿村	大字中設楽	〔東栄町〕
〃	七日	〃	〃月	〔〃〕
〃	十日	振草村	〃古戸《ふっと》	〔〃〕
〃	〃	三輪村	〃奈根	〔〃〕
〃	十二日	振草村	〃小林	〔〃〕
〃	期日不整	本郷町	〃中在家《なかんぜき》	〔〃〕
一月	二日	豊根村	〃大立《おおたて》	〔豊根村〕
〃	〃	園　村	〃御園《みその》	〔東栄町〕
〃	〃	御殿村	〃布川《ふかわ》	〔〃〕

〃	三日	振草村	〃	下粟代《しもあわしろ》	（〃）
〃	〃	豊根村	〃	坂宇場《さかうば》	（豊根村）
〃	四日	園　村	〃	足込《あしこめ》	（東栄町）
〃	五日	〃	〃	東薗目	（〃）
〃	〃	豊根村	〃	上黒川	（豊根村）
〃	七日	〃	〃	下黒川	（〃）
〃	十日	〃	〃	古真立《こまたて》	（豊根村）
〃	十二日	〃	〃	三沢	（〃）
〃	十六日	〃	〃	間黒《まくろ》	（〃）
〃	期日不整	園　村	〃	大入《おおにゅう》	（東栄町）
旧一月	十五日	下津具村	〃	下津具	（津具村）

と、おこなわれる。この一町二村、二〇カ所を地図上におとすと、新野峠の南の一五キロ四方におさまる（一〇二頁）。十二月二日から正月をはさんで旧の望正月〔一月十五日〕まで、山の懐が深い山間《やまあい》の集落を、花祭りは廻って行く。この花祭り圏の南を、愛知県の稲武町から設楽町まで国道二五七号がのび、同町田口から国道四七三号がひきついで、東栄町中設楽で、新野

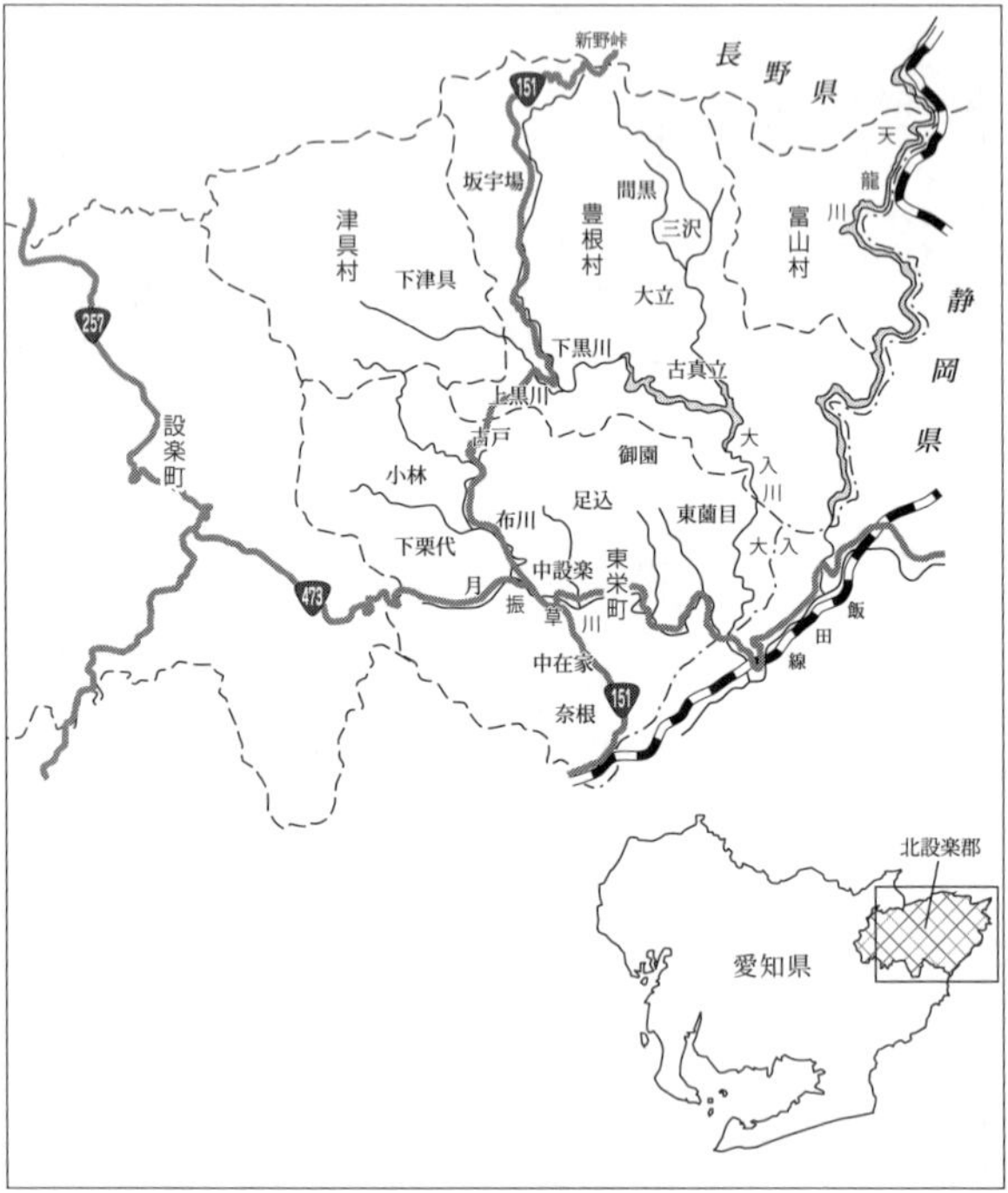

「花祭り一覧表」による地図

峠から南下する国道一五一号とクロスするが、国道四七三号はなお花祭り圏の南を通って静岡県佐久間町（現浜松市天竜区）へ抜ける。この国道沿いに、巻末「東三河の天白」（二七三頁）の中の㉓設楽町田口に天白社、㉔東栄町月字上貝津、六社神社内に天白渡の大神、㉕同町奈根中在家《なかじけ》に某家の祝殿としててんばこ様、中設楽から新野峠へ向けて、花祭り圏の西の境のようにのびる国道一五一号を北上すると、豊根村上黒川に天伯様、そして下黒川の花祭りでは天白用の御幣を作る。遠山の霜月祭と天伯のように、花祭り圏でも祭と天白とが相共に存在していることになる。

飯田―天竜に見る――山の神と水の神が複合

下伊那の天白は、長野県誌（明治六年）からひろうと、つぎのようになる。

①天龍村平岡　天白社
②和合村（現阿南町）帯川　天白社（中村氏氏神、帯川の砦に祀る）
③　同　（　同　）和知野　天白社（明治までは村社）
④大下条村（　同　）早稲田　天白社（明治までは村社、杉本家祝殿）

⑤　同　（同）北條川田　天伯神社（大正五年、神明社、山神社と合祀して天伯山北條神社と改称、祭神天御中主命、天照皇大神、誉田別尊）
⑥遠山村（現飯田市上村）下栗　天伯社
⑦　同　（　同　）中郷　天伯社
⑧千代村（現飯田市）天狗　天白社
⑨　同　（　同　）千栄　天伯社（伊雑皇社、諏訪社合祀、祭神天御中主命、罔象女命）
⑩下久堅村（　同　）上虎岩　天白山・天白社（山の神）
⑪喬木村西ノ平　天白社（諏訪社、多賀社合祀、祭神木花佐久夜姫、天照大御神、建御名方神、伊邪那岐命）
⑫鼎村（現飯田市）切石　天伯神社
⑬高森町大島山　天白堂

この分布を地図におとしてみて、わたしはいくらかの不審をもった。下條村、泰阜《やすおか》村のあたり、つまり飯田市（長野県三番目の都市）以南の天竜川両岸が空白なのである。そこにも天白はあるのではないか。

たとえば、元禄二年（一六八九）の「寺社帳」によると、右の⑩の虎岩村に七〇社があったが、うち山神三三社がもっとも多く、ついで、天伯九社、大山命天伯、大ミネ天伯各一、計一一の天伯社が、それにつぐ。これがいま一社しかないとされている。

そこで、一九七一年の夏がすぎるころ、飯田市から天龍村まで、天白・道祖神踏査をした。着実な道祖神研究を発表してきた楯英雄さんが、自分で車を運転して、いっしょに調べてくれた。忘れられない思い出である。その日木曽駒高原の楯さんの別荘に泊まった。夜、家を出ると、満天の星の中に天ノ川がよぎっていた。この景は小学生のとき北海道北端の町、稚内でみたのと同じで、わたしの心の中まっすぐに無限が無声で語りかけてきた。こうして明らかになったのが、次の一〇天白である。

⑭阿南町御供　天伯社（祭神　天御中主命、罔象女命）
⑮泰阜村我科《がじな》　天白社
⑯同　田本　天伯社（宮島家祝神）
⑰同　川端　天伯社
⑱同　上明島　天伯社
⑲同　打沢　天伯社（木下一統の祝神）
⑳下條村粒良脇　二柱神社（日影にあった天白神社を白山神社と合祀）

㉑　同　小松原　天伯神社
㉒飯田市千代法全寺　天白社（村松一統の祝神）
㉓飯田市下村字城ケ腰　天伯社（第三常会の氏神、祭神天御中主命、豊受比売命）

時間をかけて細かくさがすともっとあると思われる。

この地域の天白を探訪して、一統のまつる天白が⑤阿南町北條川田の「天伯山北條神社」からきているのがわかった。これは堂々とした社殿を持ち、知久や下條できいた老人たちが、五〇年まえこの神社の祭りには歩いて行ったというのが、しのばれた。

拝殿には「奉納天伯大神」の幡《はた》もあり、本殿横には鼻の高い（わたしの通念では）猿田彦風の彫像があった。あるいは天伯様を象《かたど》ったものかもしれない。

下伊那の天白を探訪してみて、一つは山の神としての天白、もう一つは水の神としての天白が複合してある、と判断できる。もっとも遠山で水神は山神の夫とされ、「水神山之神」とよぶ（松山義雄・山国の神と人、参照）から、下伊那の天白信仰もこれとかかわって変わったのでもあろうか。
⑮我科の天白はもと天竜川畔にあったが、平岡ダムによる水没をさけ、上にあげられた。㉓下村城ケ腰の天伯は、天竜にのぞんだ崖《がけ》上の丘ぎりぎりに立つ。下條の大山神社禰宜《ねぎ》だ

天伯山北條神社

った鎮西真郷さんの話では、飯田市の川路に天伯岩があり石祠《せきし》の天伯社があった。治水の神としての天伯は、伊勢の員弁川から三河の矢作川をへて、伊那の天竜川にいよいよいろこく伝えられている。

⑫鼎の天白が、三河の額田郡高宮郷の天白より、すこし早いが同時代に在地の武士の手で勧請されている。鼎村史によると、ここの天伯神社は、永禄十一年（一五六八）、この村の字明琴の沢良木三郎が勧請《かんじょう》したもので、寛文十年（一六七〇）同家が断絶して、村のものになったという。明治に入って天伯八幡宮の名で「公称」したいと長野県令に願い出ている。祭神は誉田別尊《ほむたわけ》（応神）、九頭竜権現、天伯神である。

なお、⑬高森町大島山の天白堂にちかく（南二キロほど）、さきに述べた飯田市の北の座光寺に麻積神社があることを、付記する。

（昭和52年2月3日）

祭神ナハタヒメ――三峰川両岸の天白

上伊那の天白は、知られている限り下伊那よりも数が多い。

長野県誌に二二社を数える。残念なことに、私が訪ねた天白の数は少ない。

①　長藤村（現伊那市高遠町）　大天伯社
②　同（同）　大天白社
③　西高遠町（同）　天伯社（祭神御中主神）
④　三義村（同）　大天伯社（祭神天白羽神）
⑤　美篶村（現伊那市）　大天伯社（祭神棚機姫命）
⑥　同（同）　大天伯社（同）
⑦　同（同）　大天伯社（同）
⑧　同（同）　大天伯社（同）
⑨　富県村（同）桜井片倉　大天伯社（祭神瀬織津姫命）
⑩　西春近村（同）　大天伯社（祭神天棚機姫命）
⑪　同（同）　大天伯社（同）
⑫　同（同）　天白社（祭神天老男命）
⑬　東春近村（同）　天白森天白社（祭神天棚機姫命）
⑭　中沢村（現駒ヶ根市）　大天伯社（祭神少彦命）
⑮　中沢村（現駒ヶ根市）　天伯社（祭神高津島神）

⑯ 南向村（現中川村） 天白神（祭神御中主命）
⑰ 中川村　横川地 大天白社（祭神稲倉魂命）
⑱ 宮田村 天狗天白（祭神日高見命）
⑲ 同 天白古墳（祭神御中主神）
⑳ 会古地 天白社（祭神稲倉魂命）
㉑ 日向村 天白社（祭神豊受姫）
㉒ 沢岡村（現伊那市手良沢岡） 大天白社

以上のほか、伊那市神社誌によるとつぎがある。

㉓ 諏訪形（伊那市西春近諏訪ノ森） 天白社（明治四十二年十一月諏訪社に合祀）
㉔ 表木・赤木（伊那市西春近宮ノ脇） 天白社（明治四十一年十二月八幡社に合祀）
㉕ 榛原（伊那市東春近下原） 愛宕天白社（祭神天御中主神、軻遇突智神、織井・藤原・伊藤・兼子氏氏神）
㉖ 中坪（伊那市手良中坪） 天伯社（若宮八幡宮境内社）
㉗ 野口（伊那市手良野口八幡山） 治部天伯大神宮（八幡《やはた》神社境内社）

㉘　下手良（伊那市手良沢岡宮垣外）　天伯社第六天社合殿（大照神社境内社）
㉙　下大島（伊那市美篶中県）　天伯社
㉚　上・下川手（伊那市美篶上川手）　天伯社

　この中でまず注目されるのは、④三義村の大天伯社で、ここに「天ノ白羽神」が祭神とされている。旧三義村は、三峰《みぶ》川支流、山室川ぞいの村である。わたしはこの川沿いに道祖神をさがして入ったことがあるが、天白はさがさなかった。だから旧三義村のどの字地に、現存するのかわからない。おそらく祭神に、天ノ白羽神を持つ伊那谷唯一の天白である。

　つぎに当然目につくのは、美篶《みすず》にある大天伯社四社（⑤～⑧）が、いずれも棚機姫命を祭神とし、ついで⑨富県村の大天伯社は瀬織津姫命、また西春近村の大天伯社二社（⑩、⑪）および⑬東春近村の天白社が、天棚機姫命を祭神にしている。棚機はタナバタだが、ここでは、ナハタとよむ。だから棚機姫はナハタヒメ、天棚機姫はアマノナハタヒメで、両者神である。けれども⑤～⑫の八天白社は少し混みすぎた感じでなにか錯雑しているのでないかと、私はうたがっている。

　注意を引く三つ目は、祭神があてにならないことはしばしばだが、それでも信じられていた神の性格に近いものがえらばれる。そうすると、稲倉魂《ウカノミタマ》や豊受《トヨウケ》といった稲霊や食物神が出てくる。これは下伊那にもあった。

下伊那で、粒良脇《つぶらわき》（下伊那⑳）の天白を訪ねたとき、明治二十六年生まれの荒井道太郎さんに、天白はなんの神様かきくと「なんだったかな、なんだったかな」とつぶやいて、やがてしぼりだすように「作りの神様」だと答えたのが、おもいだされる。

（昭和52年2月4日）

三峰川でみこし渡御――〝サンヨリコヨリ〟

三峰《みぶ》川はかなりの荒川だった。今護岸工事はほぼ完了したが、天竜の本流よりもはるかに幅が広い。合流点に立つと三峰の方が本流に見える。

それに加えて気づくのは、三峰およびこれとの合流点下流の天竜に、川の中洲が多いことである。

つまり三峰川両岸は、溢水《いっすい》による氾濫《はんらん》原で、水害の大きいところだったのである。

㉚伊那市美篶上川手の天伯社宮司富岡千守は、この社について――応永二十三年（一四一六）の洪水で、上流から流されてきた神祠をここにまつった。対岸にも分霊してまつったのが⑨富県村（現伊那市）桜井片倉の大天伯社である。だから年に一度両社の間で神輿《みこし》

の渡御がおこなわれている――と語っている。水とかかわる神天白には流されてきた神と伝えられることが間々ある。

この天白は上流藤沢川の片倉から流れてきたと伝えられている（向山雅重による）。藤沢川は、山室川のもう一本西の支流で、この川ぞいの旧長藤村（現伊那市高遠町）に①②大《でえ》天伯《てんぱく》二社がある。

藤沢村片倉には、三、四度行った。大きな枝垂れ桜――柳田国男は「信濃桜」として関心をよせた――があり、その下に双体道祖神や男根石などがある。こんども寄ったが、枝垂れ桜はかなり弱っていた。

㉚上川手の天伯社は、元禄の検地帳に「河天白」として記載されている。この呼称や社縁、祭神からみて、三峰天白群はあきらかに水の神である。

美篶側の天伯四社（⑤～⑧）が、どうもはっきりしない。いまのところわたしが訪ねあてたのは、美篶側二社で、一つは㉙中県の天伯社と、㉚上川手の天伯社との二社で、先の上伊那の天白リストのしまいに㉙㉚とつけ足しておいた。そして上川手の天伯社と対岸⑨桜井片倉の大天伯社とが、神輿の渡御をおこなっている。上川手のは、いまの護岸堤防から一〇〇《メートル》ほど内側に、赤松、杉。ケヤキにかこまれ、ワラぶきの鞘堂《さやどう》の中に本殿がある。まわりは一面の水田である。

上川手の天伯社（上）と桜井の片倉天伯社（下）

旧暦の七夕、月送りの盆の八月七日、上川手の神社前で祭式があり、子供たちが「サンヨリコヨリ」を行い、神輿は対岸に渡る。桜井片倉では神主以下が出迎え、神輿をすえ、幣帛《へいはく》を社殿に移し祭式をおこなう。また子供たちの「サンヨリコヨリ」があり、神輿は三峰川を渡って、還《かえ》ってくる。

長野県誌によると「祭礼に村内人民願望成就のため、破れ笠を被り縕々の衣服を着て太鼓を打つ。……土俗の言ひ伝えに棚機姫を祭るに仍《よ》って絹、麻、木綿の別なく竹に巻き神前に備ふ」とある。前のは洪水辛苦の姿で祈念し、後のはこれにかぶさった七夕祭をしめしている。

「サンヨリコヨリ」の行事について、向山雅重の一文（伊那、一九七一年一月号）をかりる――「こどもたちは、五色の紙かざりをつけたたなばたの青竹を手に持って集まってくる。菅笠をかぶった男二人、その輪の中にしゃがみ、ひとりは太鼓をもち、ひとりは軽くうつ。こどもたちは竹を両手に高く持ち、〝サンヨリ、ココヨリ〟ととなえながらこの周りを三周りする。その終わったとたんに、青竹で太鼓の二人をワッとばかりに打つ。二人は打たれまいとして囲みをついて逃げる。これをくり返すこと三度」。

サンヨリコヨリは、もと「サイヨリコヨリ菜《な》がなくば糟味噌」（長野県誌）である。

対岸片倉の大天伯社は、員弁の麻生《おう》神社と同じく、三峰川の川原よりほんの一段高いところにある。まったく人の気配もなく「天伯社の三奇祭」の札だけが立ち、木立の向こうに、広い三峰川の河原と流れが、白く静まっていた。

（昭和52年2月5日）

▼追補

上伊那の天白

上伊那の天白は、諏訪神社の祭神との関わりで見なくてはならない。諏訪神については、五世紀以来のミシャグチ・洩矢《もれや》の祭政が八世紀にミナカタトミ・大祝《おおほり》の祭政に取って替わった、との考古学者の藤森栄一説が骨子である。元旦の深更、上社前宮の御室社で、現人神・大祝が見守るなか、神長《じんちょう》の守(洩)矢氏が薄の芯での重(丁)半の占で、その一年の祭事一切を担う御頭郷がきめられる。この時、その御頭郷のミシャグチ神は「藁馬の上に乗った剣先版《けんさきばん》という木製の鉾の上に、小刀子で切りとめられた紙であらわされ、祭の完了、すなわち郷村の奉仕がおわるまで、この土室〔各年十二月二十三日に造られる御室社の竪穴住居〕から出ることはできない」（藤森栄一・諏訪大社、二三頁）。

また毎年「春三月初の酉《とり》の日と、秋十一月の二十八日」、諏訪神「領内の内県《うちあがた》・小《お》県《あがた》・外県《そとあがた》の郷村」に「三組、それぞれ馬に乗った神使」が遣わされた。神使はこのとき「御杖《おつえ》とよぶ木の棹の上」に「六個一組ずつ」の鉄鐸を吊したのを担っていた（同、二一頁）。春の播種前と秋の刈入れ後の「廻神」は、上社最大の祭り「大御立座《おおみたてまし》の神事」で、豊饒の祈りと感謝とともに、「祖《そ》あるいは徭《よう》についての義務づけの誓約も含まれていた」（同）。「神使すなわち大祝」の代理を迎え、各郷村はそれぞれ奉祭するミシャグチ神を、「郷村の湛《たたえ》とよばれる巨木」に降ろし、その名で大祝の命を受ける。この「廻神」こそは「諏訪祭政の経済的な中核を占める重要な祭」（同、二二頁）だった。

右に云う外県とは上伊那、内県が諏訪、小県が前宮が存在した旧宮川村周辺（現茅野市の西端）ではないか、と私は考えている。

一九七一年に道の思想史、Ⅲ紀行の取材で、上伊那は、神使の廻行路に沿ってなされた。同書の地図を一二四頁に入れておいた。図中、四角くかこった地名が神使廻行地である。外県への神使は、諏訪湖（七五九メートル）の南端・有賀から有賀峠（一〇七〇メートル）を越えて、辰野町の平出に出た。峠下から平出にかけて、古代、平出の牧があった。

神使は沢底、平出（以上、辰野町）、小河内（箕輪町）の次に、常土の輪（所在不明、箕輪、のどこかか。この辺で天竜川を西に渡ったはず）、塩野井（南箕輪村）と巡行している。塩野井から西の段丘に上ると、縄文・弥生の住居遺跡、天白遺跡があった（一九六七年三月発掘調査、埋め戻して遺跡の標だけが立っていた)。遺跡の名は在地の字名をとるから、字地名天白は、かつてここに天白祠があったことを示している。

神使が巡行した次が北御園(伊那市北端の御園)、南御園(同今泉)だが、すぐ北の神子柴(南箕輪村南端)、南の今泉(御園地籍)と、新石器・縄文時代の遺物が層序正しく堆積していて、天竜川西岸の段丘の縁が太古以来の住民の痕跡をとどめている土地であることを示している。御園の坂下神社は御射宮司社だから、外県の御園郷は、このミシャグジをおろして、御頭郷などの大祝の命を、受けたのである。

次の伊那部(伊那市)は、慶安二年(一六四九)にひらかれた伊那街道の宿となった。段丘の縁《へり》にあったが、明治二十六年(一八九三)に三州街道が段丘下を通るようになって、衰えた。郷村の湛など何一つ残っていないが、すぐ北を流れる天竜川の支流小沢川をはさみ、北に小沢、南に中小沢の諏訪社がある。

神使はこのあと天竜を東に渡る。大きな支流・三峰《みぶ》川の北岸を、大島ノ郷へ行った。この辺一帯は天白社がよく残っている。

三峰川北岸

下川手　　御社宮司社(国造大巳貴命)　　十月二日

下川手	天伯社	八月七日
上川手	天伯社（天棚機姫命）	八月七日
中県	御社宮司社（大巳貴命）	四月九日
中県	天伯社（天棚機姫命）	四月九日

三峰川南岸

榛原	愛宕天白社（天御中主命）	十月七日
桜井	御社宮司社（猿田彦命）	九月一日
桜井	片倉天伯社（瀬織津姫命）	八月七日

右の内、北岸・上川手の天伯社と南岸・桜井の片倉天伯社とで、「月送りの盆の月の八月七日、たなばたの日」に、御輿が渡御し、これに先だって、子供たちのサンヨリコヨリの行事があることは、「6 伊那谷」のさいごに、向山雅重「さんより　こより」（伊那、一九七一・一）の文をひいておいた。北岸の下川手の天伯社と上川手の天伯社とは同じものである。「社は上川手・下川手の間、青田のなかの杜《もり》のうちに祀られている。このあたりは「川下り郷」とよばれ、……天伯社はある年の洪水に、上流の藤沢川べりの片倉から流

れてきた天伯様を祀ったものと伝えられ、元禄の検地帳には「河天伯」と記されている。そのときのご分身のひとつが、やや上流で対岸の桜井の「片倉天白宮」であると言われ〔同〕ている。御輿が渡御するのももっともだと合点する。

そしてまた、〈天白紀行〉「6 伊那谷」の天白のうち、美篶の天白四社（一〇九頁⑤⑥⑦⑧）をもう少しくわしくみると、

⑤　大天伯社　祭神　棚機姫命
　　　　　　　社地　三百四十五坪
　　　　　　　祭日　九〔八のまちがい〕月七日

⑥　大天伯社　祭神　棚機姫命

⑦　大天伯社　祭神　棚機姫命
　　　　　　　祭日　九〔八〕月七日

⑧　大天伯社　祭神　棚機姫命
　　　　　　　社地　三畝十歩
　　　　　　　祭日　八月二十五日

である。⑤と⑧は祭神は同じ棚機姫命だが、社地、祭日は別々である。これに対し、⑥は祭神だけ、⑦は祭神と祭日があるが、祭日は⑤と同じである。整理すると、⑥、⑦は⑤と同じ天白の別の控えが併記されたと判断して消去する。つまり四社中、存在したのは⑤、⑧の二社だけになる。

他方、一九七一年の探訪で、私が三峰川北岸にあげた天白社三社のうち、下川手と上川手の二社は、「社は上川手、下川手の間、青田のなかの杜《もり》のうちに祀られている」（向山）し、祭日も同じ八月七日だから、要するに併せて一社になるし、だから川向こう、三峰川南岸の桜井の片倉天伯社と祭日（八月七日）も同じで、川をはさんで北岸に一社（上川手の天伯社）と、南岸に一社（桜井の片倉天伯社）、この間で御輿の渡御が行われるのである。

少しごたごたしたが、先引の一九七一年の天白社の表を訂正して次に改める。

三峰川北岸

上川手	天伯社	祭口八月七日
中県	天伯社	祭日四月九日

三峰川南岸

榛原　　　愛宕天白社　祭日十月七日

桜井　　　片倉天伯社　祭日八月七日

さて神使が廻行した大島郷（伊那市）は三峰川北岸、伊那市高遠町との境近くにある。大島の次が槇ノ郷（伊那市上牧）で、往路の御園（伊那市）と天竜川をはさんで向かいあっている。槇郷から「北上するとすぐ〔神使廻行の〕「寺ノ福島」である。三峰川を底辺に、上牧・福島の天竜沿いの辺、（南から）笠原・中坪・野口・下手良の山沿いの辺と、ほぼ正三角形の〔天竜・三峰両川が作った〕段丘上の扇状地が、美篶《みすず》・手良《てら》（寺）・で、神使はこの三角の沖積地をくまなくまわった。〔ここはまた〕古代の笠原牧がおかれていたところである」（道の思想史、Ⅲ紀行、8美篶、一〇八頁）。

寺ノ福島からあとの神使の廻行は、下寺（伊那市下手良）―野口（手良野口）―中坪（手良中坪）―前渕（不詳）―さそこ（辰野町沢底）である。前渕は不明だが、下手良（寺）、野口、中坪は今はすべて伊那市で、先の正三角形の山沿いの辺を、北から南への順でつながっている。それでこの三角地を神使はくまなくまわったと書いた。このうち下手良に天伯社第六天社合殿、野口に治部天伯大神宮、中坪に天伯社がある。

神使の帰路は往路をたどったと考える。廻路のさいごに辰野町の「さそこ」（沢底）が出るから、有賀峠越で前宮に帰ったとみていい。

以上のように見てくると、上伊那（外県）、諏訪（内県）、小県《おあがた》（旧宮川村、前宮周辺）の天白は、諏訪神社のミナカタトミ・天白・大祝祭政とかかわって流布しだしたとみていいのではないか。一九七一年の取材では、昏れてなお有賀峠の辺にいた。はるか向こうの諏訪湖はなお空をうつしてまだ明るかったが、湖畔は昏れて灯がまばたいていた。

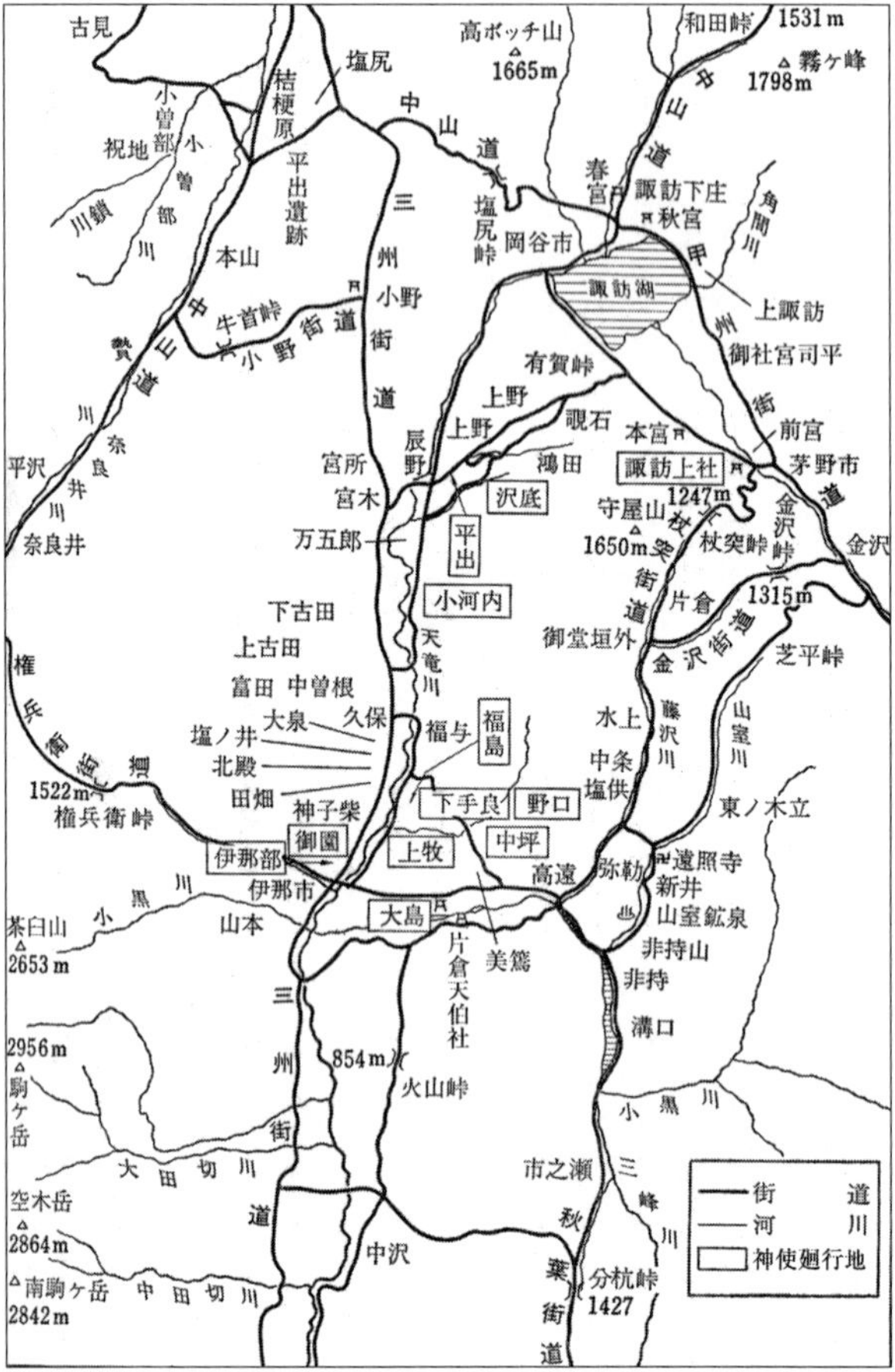

上県（上伊那）の神使廻行地（山田宗睦『道の思想史』Ⅲ紀行より〔一部修正〕）

7 諏訪大社

大祝即位式に天白が —— 藤森氏の研究が教える

諏訪大社というと、いまは亡い藤森栄一さんを想《おも》いうかべる。諏訪のことがわたしにわかるようになったのは、藤森さんのおかげである。さいしょに逢ったとき、この人は小さな古書店主だった。店頭での立話でその学識におどろき、やがて専門の考古学者と知って、多くを学んだ。

ミシャグチ神を訪ねて、諏訪上社本宮に行った時、神主に諏訪神社の由来を聞いたら、自分が話すよりも、と言って、藤森さんの諏訪大社（一九六五年）を出してくれた。みると社務所の前に十冊ほどつんで、頒布している。この本は四〇ページの小冊子だが、名著である。わたしはすでに二冊もっていて、一冊はばらばらになるほど取材に愛用していたが、喜んで神官からもう一冊譲り受けた。

藤森栄一『諏訪大社』（中央公論美術出版、1965 年）

この本で藤森さんは、諏訪神社の祭神が変わったことと、考古学上、古墳文化が諏訪地方に移入される過程に三つの波があったという知見とを、統一して解明している。その論旨をわたしなりに整理するとつぎのようになる。

（1）「諏訪大社関連には、きわめて優れた古記録群がある。室町期前後の、名高い守矢《もりや》文書『諏訪大明神画詞』などを中心とした諸書である」（諏訪大社、一五頁）。これら室町期の伝承は、諏訪の現人神である大祝《おおほうり》の始祖が、先住民の洩矢《もれや》神の祭政体を攻め、服属させ、いまの諏訪神社を創設した、と伝えている。

（2）諏訪神社はいまも四社がある。前宮、本宮からなる上社と、春宮、秋宮からなる下社である。このうち前宮に六世紀中頃《ごろ》の狐《きつね》塚、本宮に五世紀中頃のフネ、秋宮に八世紀初めの青塚の三古墳がある。

信濃への古墳文化の移動には三つの波がある。フネ古墳は第一波につづき、狐塚は第二波に属し、青塚は第三波に属する。注目すべきは第三波で、飯田市高岡古墳、箕輪町王墓古墳から諏訪秋宮の青塚古墳につながるが、これは八世紀初頭に大和朝廷の勢力が、上社領域にも及んできたことを、示している。

（3）嘉禎三年（一二三七）の記録で、諏訪神社の七つの神宝がわかるが、このうち五種の神器は大祝に属し、その居館（前宮の内御玉殿）に所蔵されていた。この五つは、ほぼ奈良時代から平安を下らないものである。

七つのうちの一つ「ミクミノ御宝」（別名「さなぎの鐸」）は鉄鐸《てつたく》で、これだけが神長官《じんちょうがん》の所管であった。鉄鐸は、弥生時代の銅鐸の古い形式のものと、似ている。

（4）この鉄鐸は、大御立座《おおみたてまし》の神事という上社最大の祭りのとき、御杖《おつえ》の先に六個一組ずつつりさげ、上社領内の内県《うちあがた》・小県《おあがた》・外県の郷村をまわった。

上社前宮で元日の夜、御占神事がおこなわれ、ここでその年の祭事の一切を負担する御頭郷《おんとうごう》が決められた。この命令をうけるとき、郷村では、ミシャグチ神を木に降ろし、この神の名で誓約をした。

こういう事柄を整理して藤森さんは結論している。

（1）諏訪神社の祭政は、はじめミシャグチ神を中心としており、これは、フネ、狐塚の示す五―六世紀が絶頂期であった。藤森さんは、これを室町期の名をとって「守矢（洩矢）祭政」とよんでいる。

（2）八世紀になって、大和朝廷とかかわる大祝氏が、守矢祭政を征服し、その奉じるミナカタトミ神（タケミナカタ神）が、諏訪神社の祭神にとってかわった。

（3）そこで、現人神大祝とこれにつかえる神長官守矢氏という二重の形ができ、また大祝の祭政命令を、各村はミシャグチ神の名でうけるという形ができた。

わたしは、藤森さんの諏訪大社を手に、いくども諏訪神社の四宮、とくに上社前宮を訪れた。前宮はいまはほとんどすたれて、内御玉殿、十間廊ぐらいしか残っていない。しかしここには、大祝職位（即位）式の行われた磐座《いわくら》が、明治初年までは残っていた。いまはわずかに朽ちはてた木祠《もくし》があるだけである。鶏冠社（かえでの宮）という。このカエデ宮もいくども訪ねていたが、まさか天白がこの大祝の即位式にかかわって出てくるとは、思ってもみなかった。

（昭和52年2月8日）

※　職位とは官職と位階のことでただちに即位を意味しない。中国史書の一つ後漢書の、たとえば明帝紀条に、明帝が即位すると、ひきつづき職位のこと、つまり自分を天子にしたり、即位後に補佐したりする臣下に、職位を与えることが行われる。それで職位を即位のことと等義に使っているのである。

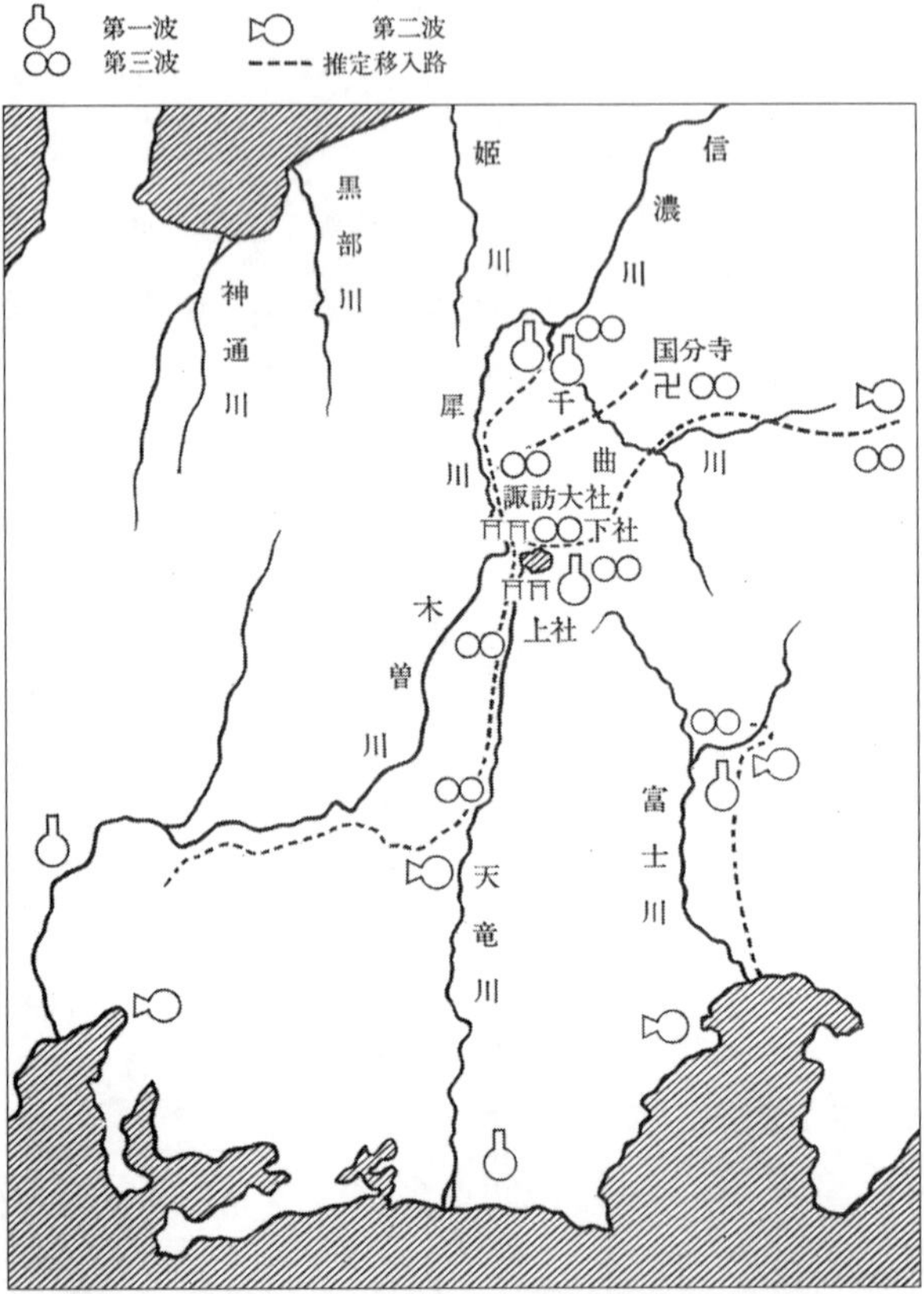

信濃への古墳文化の移入（藤森栄一『諏訪大社』より）

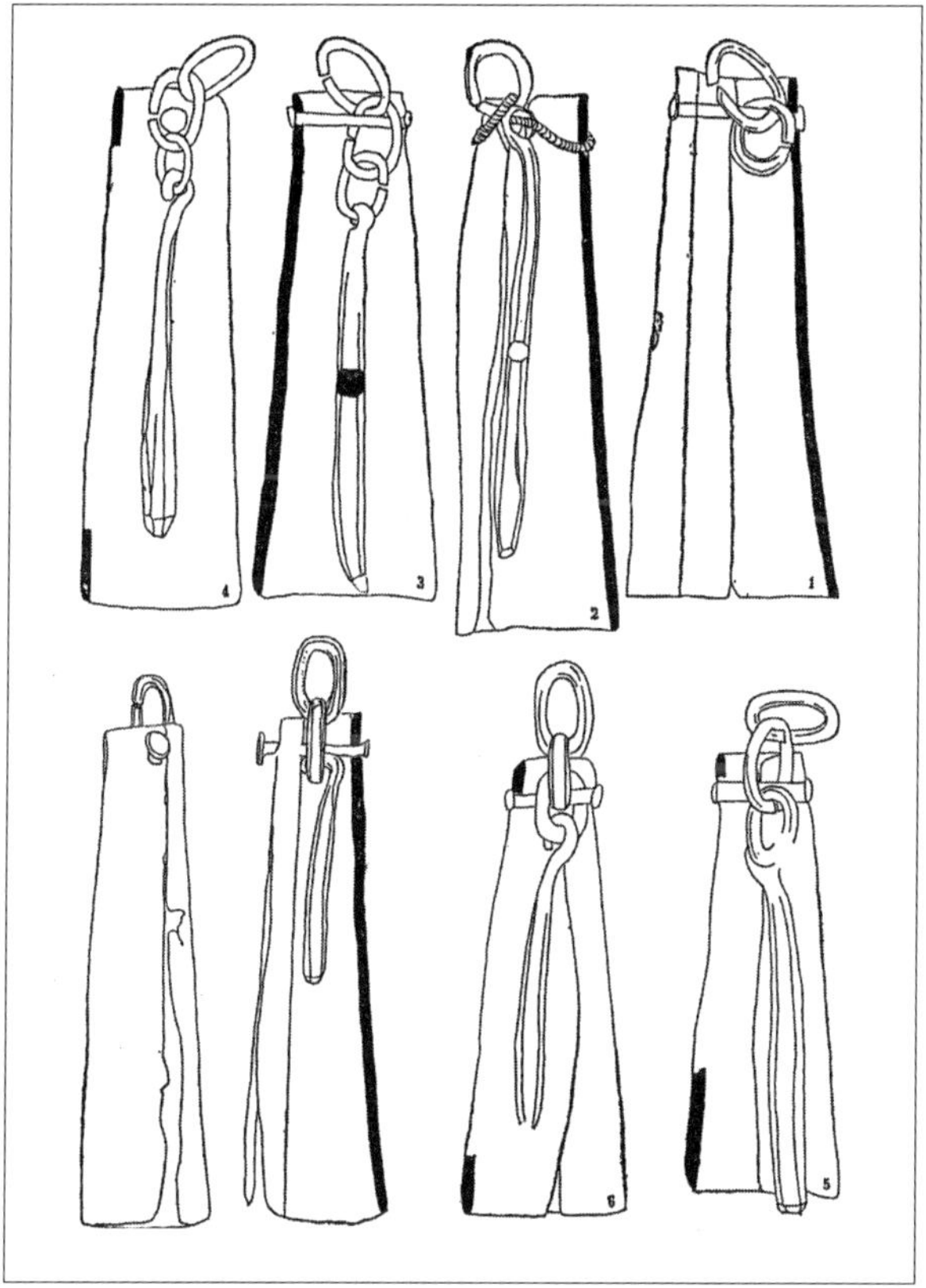

上社第一号鉄鐸の構成（藤森栄一『諏訪大社』より）

大祝頼継の即位式——天白まつる御門戸屋神事

建武二年（一三三五）二月九日、大祝頼継は七歳で即位した。この年齢はべつにふしぎではない。諏訪明神（ミナカタトミ）は、さいしょ大祝有員《ありかず》という八歳の童男に、その神衣を脱いで着せかけ「吾躰無シ、祝ヲ以テ躰ト為ス」と宣した、と伝承される。

童児神、童女神への信仰が、ひろく世界に拡布していることは、たとえば神話学のケレーニイと深層心理学のユングの共著・神語りの本質・序説——童児神・童女神でも、あきらかである。

大和朝廷の神話でも、応神天皇——わたしは古代史学の定説というより江戸時代の山片《やまがた》蟠桃《ばんとう》、大正期の津田左右吉による応神以後はほぼ史実との見解に反して、この天皇は実在しなかったと考えている——は童児神である。諏訪信仰で現人神大祝が童児神として即位するのは、たいへん興味ぶかい。

大祝頼継七歳の即位を記録した文書によると、大祝の居住した神殿《ごうどの》の西に柊木《ひいらぎ》があり、鶏冠大明神と言った。この木の根方に石があり、この石の上に葦《あし》をしき、そこで頼継は装束を着け、のち宝殿（内御玉殿）を禰宜《ねぎ》に開かせ七度拝してから、御門戸屋《みかどや》での神事をおこなった。五官が布一張、雅楽が布二張ずつ、一四人の小社祝が布二張ずつ、これらを集めて御門戸屋に敷き、その上に御穀をそなえ、大祝が着座した。

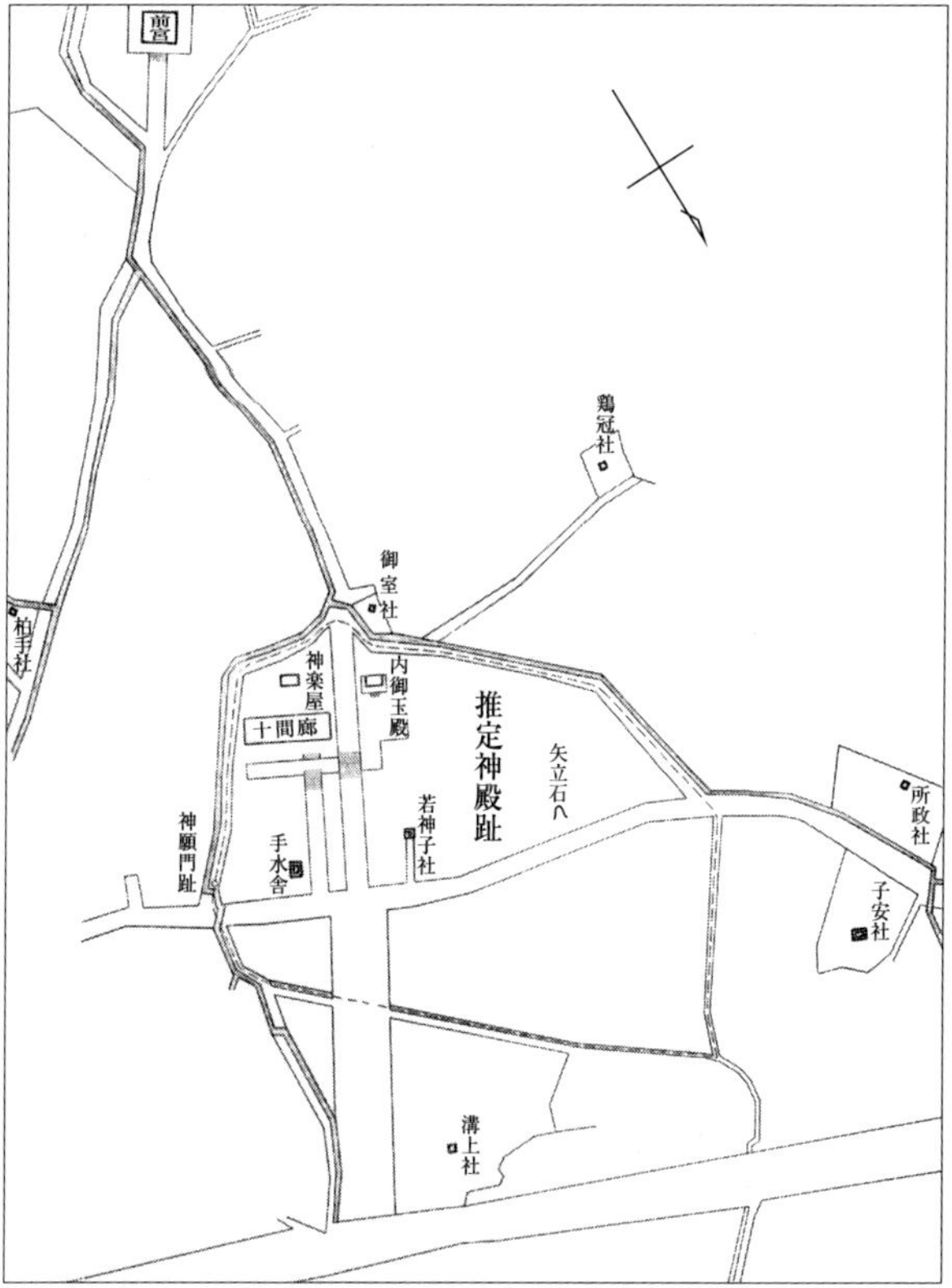

諏訪大社上社前宮平面図

この御門戸屋はまた御帝戸屋とも書いた。大祝の居館・神殿の東にあたる正門で、これを入って神願門《じんがんもん》があった。

大祝の即位式は、なぜこの御門戸屋で神事をおこなったのであろうか。

神長守矢文書のなかに「御頭祭《おんとう》の御帝戸屋神事の申立て祝詞」を記録したものがある。


御門戸屋湛《たたえ》のきよみ先の八葉盤《やいらは》四葉盤《よいらは》はおりしかやと申す天白こそ館内《たてうち》に降り来《きた》る可き災難口舌《くぜつ》をば未《ま》だ来ぬ先に祓《はら》い却《しりぞか》せ給へと畏《かし》こも畏こも額《ぬか》つか申す

これによると御門戸屋には天白が関係していた。とうぜん即位式のさいの御門戸屋神事もまた、天白神に対するものであった。

大祝の即位は、諏訪大明神（ミナカタトミ）の神衣を着けることによって、その神の体となることである。ミナカタトミ神の后神はヤサカトメノミコトと言った。これは上宮御鎮座秘伝記や諏訪上宮神名秘書巻に記されたほか続日本後紀にも記されている。前宮は后神、本宮は大明神を祭神とするのである。このヤサカトメは、

八坂彦命━八坂刀売命

という系譜をもつ。想起してほしいが、伊勢の麻続部の祖神は、長ノ白羽命＝天ノ白羽命

＝天ノ八坂彦命であった。天白を天ノ白羽とみるなら、大祝即位式にさいし、諏訪大明神の后神の父神である天白に対して神事がおこなわれるのは、ふしぎではない。

だがやっかいなのは、なぜ伊勢の麻績部の祖神アマノヤサカヒコ（天白）が、ここ諏訪に入りこんだのか、という問題である。神はひとりでは移らない。神の移動は、つまりこれを奉じる集団の移動を意味する。伊勢から諏訪へ、天ノ白羽（天白）が移動したのは、これを奉じる麻績氏が移動したからである。

この麻績氏の移動について、べつに文献上の記録は残っていないが、そう考える手がかりはある。それを次回に書くことにしよう。

諏訪上社前宮の所在はもと宮川村（現茅野市）であった。この村から出た今井野菊さんは、旧宮川村誌の編さんを志し、前宮から諏訪社全体を考え、やがてミシャグチ、テンパクといった忘れられた古神を追って、調べはじめた。今井さんの社宮司、天白の分布とその遺存の調査は、わたしの〈天白紀行〉の大前提になっている。道の思想史の取材ではじめて今井さんをお訪ねしたときの言葉が忘れられない――「私の〝途上報告〟はすべてお譲りします、どうか社宮司、天白の研究をお願いします」。

（昭和52年2月9日）

▼追補

「4　員弁」・六七頁に、〔私は、麻続氏と麻生神社禰宜との関係から、諏訪神社の現人神大祝《おおほうり》氏と、神長《じんちょう》守矢氏との祭政体を、思い出す〕と補筆した。

四十年前、員弁の麻生田で私は、麻続氏末裔の江上家も、歴代の天白社禰宜伴家も訪ねなかった。昏れてきてもいたし、両家のことは野菊さんの「北勢踏査」に詳しかったからである。

野菊さんの踏査記で私が注目したのは、

(1)大天白明神社代々の「禰宜さん」伴治兵衛宅の屋敷神、「社護神」の御神体は石棒で、長三二・三センチ・幅二二〜三センチ、光背の地蔵が彫られていた。大事な点は、禰宜家にミシャグチの神が祀られていたことである。

(2)天白大明神の末裔、麻続氏を継ぐ江上家に、「鎌倉建築とされる別棟の仏間があり、これを通称「道場」と呼び伝え、天白明神麻生田神社の拝殿を小型にした形の造作」だと、野菊さんは記録している。

一三三頁に掲載の諏訪大社上社前宮の平面図を見てほしい。中央に推定神殿《ごうどの》址とある。いまは緩やかな傾斜地だが、ここが現人神である大祝の居館（神殿）の跡で、名残りの烏帽子状の立石がある。内御玉殿《うちみたまどの》は居館の宝物蔵だが、その奥に御室《みむろ》社があった。これは「竪穴堀立柱のむろ」だが、この「竪穴住居は、各年十二月二十三日につくられ」、「毎年元旦の深更…不気味な掘立の〔御室〕社では、上座に大祝が見すえる中で、神長がおこなう重半《ちょうはん》（薄の芯で行われる丁半の占）の法でその年の〔諏訪大社の〕祭事の一切〔負うべき祭の経済的負担ほか〕をになう御頭郷が決められ」た（藤森・諏訪大社、二二頁）。

この大祝、神長の構図を、員弁の麻績氏と禰宜伴氏にあててみよう。（麻績氏）江上家の仏間は、天白を祀る麻生田神社の拝殿を小型にした形だった。それは、諏訪の大祝の神《ごう》殿《どの》に相当する。ついで麻生田神社代々の禰宜伴氏は、ミシャグチを屋敷神としている。これは、ミシャグチ神・守矢祭政の主が、ミナカタトミ神・大祝祭政にとってかわられたとき、大祝を補佐した代々の神長に、相当する。これに気付いて、私は、員弁の天白の重みに想い到ったのである。そしてまた、改めて、伊勢神宮（神麻続機殿神社・てんはくの歌）と諏訪大社（上社前宮・天白の神楽歌）との相応関係について、感歎の念を深くしたのである。

古伊勢に関わる神、氏族――信濃、諏訪へ移動か

伊勢国風土記逸文によると、神武東征のとき、勅命でアマノヒワケが伊勢津彦（イセツヒコ）を征服したという伝承がある。出雲の国譲りと似た経緯があり、イセツヒコは国を献じて東の洋上に去った。神武はイセツヒコの名をとってその国を伊勢と名づけたという。逸文には、去った「イセツヒコ神は近く信濃に住ましむ」（伊勢津彦神、巡令レ住二信濃国一）と注記されているが、これは風土記の原文ではなく、後代に書きいれたものである。しかしイセツヒコが、後代、信濃と関係するものとして、記憶されていたことがわかる。

このイセツヒコはまた出雲建子命（イズモタケコノミコト）ともいわれ、三重県柘植町の穴石《あなし》神社の祭神である。アナシは西北の風だから、イセツヒコは風の神である。

古代史家鳥越憲三郎の伊勢神宮の原像が、倭姫命世記によって言うように、イセツヒコの〝伊勢〟は三重県最北部の地域、すなわち桑名、員弁、朝明、三重郡を合わせた境域をさす。この古伊勢は、どういうわけか「出雲」「信濃」にかかわっている。そもそもイセツヒコがそうであった。

イセツヒコは出雲の神の子で、イズモタケコとよばれた。「出雲の神」とはオオナムチ（大国主、大物主）のことである。

神々の物語での「出雲」は、現実の古代出雲ではない。記紀「神話」における「出雲」

には、いくつかの地図が複合している。その複合地図の中で、大和の「三輪」、伊勢の「員弁」、信濃の「諏訪」は、ゴシックで書かれているように思える。

オオモノヌシ（大物主）は三輪山の神である。三輪山そのものが神体で、だからこの神を奉じる集団を神氏《みわ》という。先まわりしていうと諏訪大祝は神氏である。そこではじめ諏訪神氏のち諏訪氏を名のった。

このオオモノヌシを祭祀《さいし》するようになった話が、崇神紀七年八月条に出てくる。同月七日、三人のものが同じ夢をみて、オオタタネコにオオモノヌシ大神を祭らせることになったというのである。この三人の中に伊勢麻績君の名が入っている。

支配王権（ヤマト王権）に神を祭らせたというのは、服属した地域（ここでは三輪）の氏族が、その奉じる神（大物主）の勢威を、すなわち自らの勢威を認めさせたということである。伊勢麻続氏もそういう氏族の一つであったろう。

もう一つ気になる氏族は、猪名部《いなべ》である。木工を職業とする部で、造船の品部《ともべ》河辺氏とも関係した。摂津国（現大阪府）に河辺郡為奈郷（現尼崎市東北部）がある。猪名部は、西は対馬から東北は磐城国（現福島県）まで分布していた渡来氏族であるが、伊勢国員弁郡、三河国宝飯郡伊奈村、美濃国恵那郡、信濃国伊那郡と東海・東山両道ぞいにその名をとどめている。

この経路はまた麻続氏の移動ルートでもあった。伊勢の員弁郡の麻績、名古屋近郊稲沢市の旧麻績村、伊那谷の飯田市北の麻績神社、松本市の旧今井村の続麻《つうそ》神社、東筑摩郡麻績村とつづく。

このようにみてくると、イセツヒコ、麻続氏（＝天白神）、伊那氏と、狭義の古伊勢に関係した神と氏族が、信濃・諏訪にむけて移動した痕跡はこいのである。そしてヤマト王権からみたとき、「三輪」も「伊勢」（員弁）も、みな「出雲」だったのであり、「諏訪」もまた「出雲」だったのである。

だから、イセツヒコは出雲建子であり、諏訪神は最後まで国譲りに反対したタケミナカタだと、されたのである。

＊

右の麻積ルートに稲沢市の旧麻績村を入れえたのは、同市文化財委員桜木弘光氏の教示による。このほか各地の同好の士から二二通の便りをいただいた。まことに望外の福音である。すでに書き上げて中日新聞に渡していた地域（「7　諏訪大社」以前）についてのものは、生かしにくいが、工夫して厚意にこたえたいと思う。それが流亡した天白神を、消失から救うことにもなるからである。

（昭和52年2月10日）

▼追補

「伊那の地名について、有賀積男「古代伊那と伊那族」（『信濃』一九五〇・八）が指摘する、興味ある事実がある。東山道系に、伊勢国員弁《いなべ》郡（式内猪名部神社）――美濃国加茂郡稲辺《いなべ》――恵那山（式内恵那神社）――武蔵国伊那――岩代国伊那、東海道系に、摂津国猪名県（式内伊那都比古神社）――紀伊国衣奈《えな》――三河国伊那――伊豆国江奈（式内伊那神社）――磐城国江名、と各地にイナ・エナの地名がのこる。これは、対馬国伊那郷（式内伊那久比神社）がもとである。こうして、伊那の名は、伊那部といった集団の移動によって生じたというのが、有賀説である。……これは天白信仰の信濃への伝播という問題にかかわるので、記憶にとどめてほしい」（道の思想史、Ⅲ紀行、一九七二年、美篶、一九七五年、講談社版一一〇～一一一頁）。

もう一つ旧著（古代史と日本書紀、一九九八年）から引いておく。「中部地方で、小地域国家の様相があったのは、諏訪である。藤森栄一『諏訪大社』によると、諏訪神には神格の変化があり、諏訪下社秋宮に青塚古墳ができた八世紀ごろ〝大和朝廷の勢力が〔下社に〕および、やがて上社領域にもそれに同化する傾向がみえはじめる〟（一三頁）。神も土着の神〔ミシャグチ〕から、征服者の信奉する神〔ミナカタトミ〕にかわった。藤森は、これに照応するのが、紀の持統五年（六九一）八月の、信濃の須波《すは》、水内《みぬち》の神を祭った記事と、みている」（一六七頁）。須波の神とはもとより南方刀美神社二座（延喜神名式）で、水内の神は健御名方富命彦神、別神社(同)である。この水内の神について大系本(現、岩波文庫本)頭注は、「もと善光寺の位置にあったというが、中世に衰え、明治になって善光寺の東の城山に移し、県社とした」とのべている。いまも西から善光寺、城山公園、彦神別神社と並んである。水内の神は須波の神の子で、つまり水内神社は諏訪大社を勧請した別社だというのである。

8　諏訪

七五三社と信仰交代――どうみるヤツカオ神伝承

茅野市の横内《よこおち》は、こんどの天白紀行で、いちばん訪ねたかったところである。茅野市の、ちの仲町は今井野菊さんの居住地だが、今井さんは諏訪郡の天白社を長野県誌を参照しつつ、一九社あげている。そのうち四社が横内にある。

①　大天白社　大矢嶋氏祝神　社地二十二歩
②　大天白社　四軒矢島氏氏祝神　社地二畝
③　大天白社　矢崎氏祝神
④　天白七五三社　横内土神　旧社地二十二歩

このうち「天白七五三社（天白〆社）」が大いに気になる。祭神は矢塚雄神（蟹河原長者）と伝えられている。ヤツカオ神には、つぎのような伝承がある。

タケミナカタノ命の諏訪征服に、洩矢神は服従したが、一族のヤツカオ神はさいごまで抵抗した。ヤツカオ神は岳（八ヶ岳）の実権を握り、その段丘日向の下蟹河原（横内）に集落を構えていた。ヤツカオ神は、たとえ自分一人になっても岳の領土へ敵は入れないと、奮戦したが、ついに流れ矢に当たって倒れ、娘をタケミナカタノ命に奉る、と言いのこして死んだ。天白七五三社の祀《まつ》られている所は、このヤツカオ神の旧地と伝えられる。訪ねてみると、茅野市を通る国道二〇号が段丘上にあり、横内はその崖《がけ》下に当たる。この崖下ですぐ、向かって左から②、④、③の順で天白三社がならんでいる。

わたしは、天白七五三社の小さな石祠《せきし》の前で、いくらか思案していた。

ヤツカオ神の伝承は、まるで天孫族にさいごまで抵抗したタケミナカタ神とそっくりである。ヤマト王権からみたタケミナカタと、タケミナカタからみたヤツカオとは、まったく同型なのである。

そのヤツカオ伝承旧地に、天白七五三社があり、祭神はヤツカオ神とされている。このため、今井さんは「諏訪国津神洩矢自体は天白祭祀氏族であったか、あるいはシャーマニズムの祭祀法を持つ、この〔洩矢〕神の統一下に、〔ヤツカオ＝〕天白信仰氏族があったのか」

と思案している。前に書いたように「天白信仰民族」は「本来は漁撈と焼き畑の、原始農耕の民族」だとして、天白を諏訪の古神（タケミナカタ以前の）洩矢神の側において考えたのである。

茅野に住む今井さんが、郷土のヤッカオ伝説にかかわる天白七五三社にひかれて、そのように考えたのに、心情の上では大いに共感する。しかしわたしの考えが、天白をタケミナカタの側におき、洩矢神の側においていないことは、これまでのべてきたとおりである。

今井さんも指摘しているが、天白七五三社のある長者（ヤッカオ）屋敷一帯からは、縄文中・後・晩期の土器が出土し、そこから十《メートル》ほどはなれて祀られているミシャグチの所在地は、弥生中期の土器の出る住居跡である。これも天白を古くみる一つの理由だろうが、その今井さんは「原始　農耕天白信仰」と「水稲農耕の御左口神信仰」との「混合同化」を考えていた。

わたしは五世紀半を頂点としたミシャグチ信仰が、八世紀のタケミナカタ・天白信仰の進入で衰弱すると、ミシャグチにかわって天白が流布したのではないかと考えている。天白七五三社はまさにその一つなのではないか。

近くの大矢嶋氏一門の祝神である大天白社は、まさに〝大〟天白社であった。いちどその横を通ったが、あまり立派なので通り過ごしてしまった。昭和四十七年の社殿造営で、

大矢嶋氏祝殿の大天白社（上）
天白七五三社（右）

たぶん鉄筋コンクリートの壁に、千木も立派な木造屋根をかけている。これは一種の鞘堂《さやどう》である。大矢嶋氏はヤツカオを始祖とし、中祖讃岐守政頼以後、代々栗林郷の領主だったという。鞘堂の中の神殿は嘉永元年（一八四八）一門の名匠立川和四郎が苦心の作、という。おそらく祝殿として、この大矢嶋氏の大天白社は、もっとも優等である。

横内の天白社群に、わたしは、すぐ近くの諏訪上社前宮の御門戸屋に祀られていた天白の後裔《こうえい》を見たように思った。

（昭和52年2月12日）

星神信仰は中世以降――一様でない神格

諏訪の天白も一様ではない。

諏訪神社にも「天白の神楽」が、伝えられていた。長いのとわたしの力では解きにくいところが多いので、ここでは全文をあげない（今井・大天白神、一四～一五頁、山田宗睦・道の神、Ⅱ天白、一〇九～一一一頁に引用）。今井さんは「天狗の神楽舞」だった様子だといい、わたしは、この神楽が、「遠山の霜月神楽」の「天伯の湯」の場面と、共通するのに注意し、そこから、伊勢神宮「てんはくのうた」――三河「花祭り」――伊那・遠山「霜月神楽」――諏訪神社「天白の神楽歌」という、神事芸能における天白の関連経路を、想定した。

べつに諏訪神社の「祝詞」に、「天白ワ星ノクラ位ノ神ナレバ、月ノ輪座ニ宿ヲ召サレル」とある。これは伊勢神宮の「てんはくのうた」の、「星ノ次第ノ神ナレバ、月ノ輪ニコソ舞ヒ給ヘ」と、同じである。天白を「星神」とする考えもたしかにあるのを、わたしは否定しようとは思わない。一つの神が多くの神格をもつのは、むしろふつうである。

わたしはただ、天白を星神としてだけみるとき、伊勢と諏訪とを両極とした天白分布の史的解明ができない、と思う。これも今井さんに教えられたのだが、「神長守矢氏の祈祷殿に祭る神は〝北斗星〟」であった。なぜ北斗星だったのか。北斗星を祭ったのは後代の妙見信仰である。古代洩矢氏が北斗星を信じる根拠はない。奈良・平安時代に、仏教で妙見供の修法が行われたが、盛んになるのは、北斗の第七星を破軍星ととらえ、武士団妙見菩薩を一矢の神としたからである。また北斗信仰は平安の陰陽道以後である。天白を「星の座位の神」としたのも、後代の付加である。後代という言い方があいまいなら、もう少し限定して、中世といってもいい。

柳田国男は、天白を「風の神」か、と言った。これもあまり根拠はない。イセツヒコが風神とみられるのは、アナシ神社の祭神であり、また伊勢を去るとき、「八風《やかぜ》を起して海水《うしお》を吹き、波浪《なみ》に乗りて東に入らむ」（伊勢国風土記逸文）と言い、そのようにした、というところからくる。それほどの根拠をも、天白「風神」説は、もっていないのである。

わたしはこれまで、天白の神格を（1）歴史的には麻続氏の祖「天ノ白羽」神、したがって機織りの神、（2）員弁川流域では治水農耕の神、（3）三河の矢作川流域ではこれにセオリツヒメが付け加わり、（4）天竜川とその支流三峰川流域では、治水に加え、セオリツヒメともともとの機織り神とを複合してタナバタ姫神、というようにたどってきた。タナバタから星神へは一歩の距離である。天白に付加された後代の神格として「星神」をみとめてもいい。

諏訪では、もうひとつ、水にかかわる天白を二つ訪ねた。一つは夏明《なつあけ》の天白であり、二つには赤沼の河天白である。

夏明は、天竜川が諏訪湖から流出してまもなく、右岸にある。天竜川に天白橋がかかっている。右岸の山地から入る小さな枝川の扇状地の上に、夏明はある。そこに天白稲荷社があったが、いまは御左口神ともども、夏明神社に合祀《ごうし》されている。地形からみて、やはり水にかかわる天白だったと思える。

赤沼はぎゃくに、諏訪湖にそそぐ上川の左岸にあった。赤沼神社の社殿の裏に、小林氏の祝神（石祠、天保三年）と並んであった。河天伯と石祠に刻んであるが、建立年月はない。奥野氏一二軒の祝神で、御柱の日に九尺の幡《はた》を立て、一二軒が集まって祀《まつ》る。「おたのしみだわな」と案内してくれた、奥野さんの一人が言った。

河天伯、小林氏祝神とも小石祠のまわりに、四本の小さな御柱《おんばしら》を立てている。そういえば横内の天白七五三社も御柱を立てていた。諏訪神社の御柱の風がこんなところにも、及んでいるのである。

夕方、湖畔のホテルの窓から対岸を見ていた。花岡の上に夕陽がおちて、暗い湖畔でそこだけが金色に炎《も》え上がったようだった。花岡にも魔王天白飯縄神社があった。

（昭和52年2月15日）

▼追補

天白はミナカタトミ・大祝祭政の側に居た。その大祝の神使を受けた須波（諏訪）神領の各御頭郷は、各郷の湛《たたえ》の木に（旧ミシャグチ・洩矢祭政時の）郷のミシャグチをおろし、その名で大祝の命令を受領した。その大祝始祖の地が諏訪市普門寺（旧桑原郷）の御社宮司平《みしゃぐじだいら》（一二四頁地図参照）である。「ここも縄文以来の遺跡で旧桑原郷の中心である。この地は八世紀、大祝の始祖有員《ありかず》があらわれたところで、その墓といわれるものが御曽儀《みそぎ》社にある。しかし、ここにある荻の宮は御社宮司社で、諏訪明神（タケミナカタ）の入諏訪前の信仰の中心であった。さきの〔前宮の〕御室《みむろ》の掘立小屋をたてる役は桑原郷が奉仕した」（道の神、Ⅱ天白、一九七二年、一一七頁）。

御社宮司平の荻宮に立つケヤキの巨樹

9 松本平

続麻神社をさがして――塩尻峠を越える

塩尻峠を上っていくと、諏訪の盆地が一望の下《もと》に見えるようになる。いく度も通った峠だが、こんどはとくに感懐があった。天白はこの峠をどのようにこえたのであろうか。

西の峠下は塩尻、大門と町並みがつづく。ここも道祖神をさがして歩きまわったところである。大門の柴宮からは六区劃袈裟《けさ》襷《だすき》文銅鐸《もんどうたく》が出土している。この型は浜名湖周辺から出たものと同じで、藤森栄一さんが三遠式銅鐸といったものである。あきらかに天竜川をさかのぼったことは、途中、三河・北設楽郡の田峰《だみね》に出ていることで証明される。さらに松本市宮渕からも同型の破片がでた。ルートは早くからついていた。

大門から奈良井川の浸蝕《しんしょく》谷をわたり、北西の旧今井村を目ざす。続麻《つうそ》神社をさがしたのである。

今井神社・続麻神社

続麻神社は、いま、そのもともとの地にはなく、堂村の今井神社に合祀《ごうし》されている。もとの地に、昭和二十五年四月、続麻神社遺跡保存会によって、「続麻神社遺跡由来」が立てられたが、この木札《もくさつ》もまた、いまは今井神社の拝殿内に蔵されている。その全文はつぎのようである——

此の地は古往より続麻神社の境内なりし所なり　仰々続麻神社は高皇産霊《たかみむすひ》神の御子天《あまの》棚機《なはた》姫命（天栲幡千々姫命）を祭神とし創立年代詳ならざれども口碑の伝ふるところによれば古昔は近郷五個村（草間村、岩垂村、神戸村、神林村、大池村）の総社なりといふ

天明三年（一七八三）盛夏の頃近接部落火災の時老欅鬱蒼たる社杜に飛火して神殿宝木悉く烏有に帰したりしが直に再建せられ長く当地の氏神として鎮座坐し殊に安産守護神として霊験顕にて願果しの底抜柄杓常に山をなせしは人の能く知るところなり　昭和四年四月神明社、山神社、水神社、白山社、富士浅間社の五社七柱の神を合祀し尊崇弥々高かりしも昭和二十三年敗戦の影響を受けて兼平神社境内へ移転せられたり

惟ふに続麻神社の神威高きこと山の如く神徳深きこと海の如く森厳なる社杜亦吾人の脳裡を去る能はず遺跡保存の声翕然として起る　仍ち宝木を護り柵を繞らし永く聖地

を後世に残さんとす

その意図も空《むな》しく「森厳なる社杜」も開発されて農地か宅地に化したのである。わたしは右の由来記と、旧神殿にかけられていた続麻神社の懸額とを、ある感慨にうたれながら眺《なが》めていた。すなわちその消失は天白のそれと同じである。今井もしくは兼平神社とは、木曽義仲の乳母の子今井兼平を祀《まつ》る。そこへ続麻《つうそ》神社、あきらかに伊勢の麻続《おみ》さんが吸収されたのは、ぜひもない。

伝承によると、ナハタヒメはタケミナカタの孫になっている。タケミナカタの十九の御子神のうち池生《いけのう》神は、いまの宗賀村本山（池ノ権現付近）を中心に開拓した。その子は男四人とナハタヒメである。

姫は乳母とこの村の御社宮司跡付近に住み、機織りや農業の麻（苧）づくりをした。続（績）麻の名の由来は、祖母神ヤサカトメがナハタヒメを愛し、旅につれて出、続麻というところに住み、賢い姫に機織りを授けた、というところからくる。ナハタヒメが壮年になったとき、乳母はいまの島立村栗林の辺、「乳母の宮」を治め、姫と南北呼応してこの地方を治めた、という。続麻神社は延喜年間（九〇一〜九二三）の創建である（この項、今井・大天白神に収録の三村茂生「績麻神社の伝説」による）。

神社から堂村公民館へ出てくると、その前に大きな欅《けやき》があり、根元に双体道祖神があった。男神の手が女神の胸もとに当てられていて、両神ともに大きな蓮華《れんげ》の上に立つ構図である。元禄銘の弥勒《みろく》像、文化十一年の馬頭観音像など、ここに民間信仰の石像を集めたらしい。その中に、征清軍馬四頭記念碑、征露軍馬碑が二つならんで立っていた。そう、戦争は兵と民、人間だけではなく馬をも徴集、戦死させたのである。私のかみさん洋子さんは、子供のとき、近くの農民の馬が日中戦争で徴集されていったのを忘れない、という。飼主は株を与え長く長く馬の背を撫でて別れを惜しんだ。馬はかえってこなかった。

(昭和52年2月16日)

所在つかめぬ乳母の宮 ―― 東筑摩郡は「天白の野」

わたしは五万分の一の地図を広げる。ナハタヒメの伝承に出てくる宗賀村本山はいま塩尻市に入っている。塩尻の縄文、古墳、奈良、平安にわたる平出住居遺跡は宗賀村で、そこから山よりに平出の泉がある。この辺がナハタヒメ領域の南限で、北限の島立は松本市街の真西(奈良井川左岸)にある。

その島立の栗林を図上にさがす。北栗、南栗というのはあるが、栗林はない。あとで調べると、やはり北栗林村、南栗林村が略称で北栗、南栗になったらしい。図上をみている眼が、島立の上に島内という地名をみつける。島内の青島に天白社があったはずだ。わたしは息子に地図を示し、ここへ行こうという。

明治六年の長野県誌によると、東筑摩郡に天白社はつぎの十社がある。

①　大天白神社　松本市北深志（旧天白町）
②　大天白神社　同　里山辺　花岡氏氏神
③　大天白稲荷　同　新井　田村氏氏神
④　天白社　同　島内青島（旧島内村）
⑤　天白社　麻績村口向
⑥　天白社　四賀村中村　旧中村村社
⑦　大天白社　同　横川　旧横川村村社
⑧　天白宮の社　塩尻市（宗賀村）
⑨　大天白稲荷姫大神　明科町塔之原
⑩　天白神社　同　潮沢天白

これでみると、たしかに宗賀村には⑧天白宮の社があった。これがたぶん、池生神《いけのう》とナハタヒメの父娘神の本拠である。つぎに島立村に天白社があるとうまいのだが、それはない。伝承にある「乳母の宮」とは、北栗の御乳神社ではないかと思うのだが、訪ねるのを割愛してしまった（「乳母の宮」をお知りの方があれば、ぜひご教示願いたい）。

ともあれ、北は島立、南は宗賀を結ぶ奈良井川の線は、松本盆地の東を区切る。この盆地の中央に続麻神社があり、西北の大池、東南の岩垂、東北の神戸、神林など五村の氏神であった。

ナハタヒメとは、機織りから七夕星に転移した名であり、続麻《つうそ》—麻績《おみ》神社の祭神は、天ノ白羽神、すなわち天白神である。そうすると東筑摩郡は「天白の野」であることになる。

その島立のすぐ北に旧島内村青島の天白社がある。左岸の青島は、奈良井川をへだて、右岸の宮渕—あの三遠式銅鐸《どうたく》の破片を出土した—と対している。

島立の荒井から島内へ北上する道路を行って、島内の屋並みへ入ったさいしょの十字路のへんで、なにか匂《にお》った。わたしは道祖神を踏査して歩いたときに、そういうカンを養ったようである。ときに同行した女性編集者が「先生ははじめての土地でよく道祖神の所在を見当てますね」と言った。わたしは—まあそんな時ぐらいしかいばる時がない—言ったものである。「うん、わたしぐらいになるとね、道祖神さんの方が立ち上がってあいさつしてくれるんだよ」

しかしあまりいばれない。その十字路を左手（西）へ曲がってしまった。それらしいのがあったが、これは仏教のお堂である。付近の人にきいたら、なんとあの十字路の右手前の角に天白さんがあった。

見のがしたはずである。ブロックの土台の上に一間四方、寄せ棟の天白さんがのっているが、壁はブルー、屋根は赤のペンキが塗ってある。「天白神」と墨で書いた懸板が掲げられている。

もとは十字路右側の北角、いま公民館の立っているところが天白社だったのを、南角に移したのである。向かって左横に、大きな蚕玉大神像（明治四十年三月吉日、青嶋西区中）、庚申文字碑（明治九年二月吉日、当村講中）、石筆表が並んでいる。

長野県誌によると、北角の天白旧社地は、社地六三坪、祭神は稲倉魂命《ウカノミタマ》である。みると新社地の方に「事故多発徐行」「大型車進入禁止」の札が立っている。時代は変わったのである。

（昭和52年2月17日）

天白と妙見信仰 ―― 深志城近くに「天白道場」

松本市のまん中に天白神社がある。いまのふくれた市街地には道祖神もある。この道祖神よりも天白神社は城に近い。今成隆良・松本平の道祖神は、たんねんな踏査とそれにもとづく問題提起とで、なかなかの好著である。その問題提起のなかに、城下町に道祖神はない、というのがある。

城下町に道祖神はないが、天白神社はあった。まえにこの神社に行ったことがあり、こんどもかんたんに行けると思ったが、松本市もまた車がこみ、一方通行の規制その他で、行くのに手間どった。吉原洋品店の角を曲がると、ふっと静かで、すぐ天白神社がある。

信府統記(享保九年(一七二四)編)に、この天白のことがでている。「天白ノ社」と言い、「当社は安原東の足軽町ニアリ、即チ此所ヲ大天白町ト称フ。岡ノ宮ノ社人持分ナリ、何レノ時勧請ニヤ詳カナラズ」と記してある。江戸中期、すでにこの天白社は、由来がわからなくなっていたのである。

松本市史下巻にもこの社のことがでている。その由緒について戸田氏家扶の桜井鍍氏は、つぎのような説を出している。文禄(一五九二～五)・慶長(一五九六～一六一〇)のころの松本城主石川数正(松本市史原文は康正、以下同)は、家康の近臣として三河・岡崎城に居た。岡崎近在に「天白道場」とよばれる妙見信仰の道場があった。岡崎・浄妙寺の古記録によ

松本の天白神社

ると、石川氏は数正の祖父の時から天白信仰者であったことが明らかである。そこで数正は、松本城の天守を築いたとき、城の鬼門に当たる方位、侍屋敷の境外に、天白道場を開き、その鎮守神として八幡稲荷を勧請したのであろう。妙見は仏とすれば薬師如来、神とすれば八幡稲荷となるからである。

桜井はこう推察し、それが当たっていたとしても、石川氏改易ののち、天白道場は廃止され、ただその鎮守神だけがおぼつかなく存置されたが、それも水野氏時代にはすでに退転同様の姿となった。戸田氏の時代となり、享保十二年（一七二七）岡宮（諏訪社である）社人の願いにより、勤仕再興され、同年七月竣工《しゅんこう》遷宮の式があった、と松本市史は桜井説を紹介している。

この天白神社は、祭神をホンダワケ、ウカノミタマとしている。ウカノミタマは、先回の旧島内村青島の天白社と同じで、食物神・穀霊だが、ホンダワケは応神天皇で八幡社祭神である。これは「八幡・稲荷」の名残である。八幡がホンダワケ、稲荷がウカノミタマということである。

先にふれた妙見信仰が出てきたことに、注意したい。妙見菩薩《ぼさつ》は、眼睛《ひとみ》がとくに清らかで、衆生の善行悪行を見とおすので妙見の名がついた。これが星の世界で北辰（北極星）に当たるとされた。

北辰に法灯《ほうとう》をささげる御灯の祭は、平安時代に朝廷の年中行事となる。べつに同時代、真言宗が七曜（北斗七星）の祭りを行ったのと混同し、一時民間にはやったが、風俗を乱すとして禁止された。つぎにはやるのは日蓮宗が妙見信仰と結びつくからである。

妙見像は月輪の中に坐《ざ》し、左手に蓮花をもち、その花の上に北斗七星がのっている。北辰妙見が北斗の七菩薩をひきいて国土を守護するところから、武士階級の中に、妙見信仰が根づいた。多田(源)満仲の源氏系、平良文の平氏系(千葉氏など)、ともに妙見信徒である。

このようにみてくると、岡崎の天白道場から松本の天白社にかけての線は、右の日蓮宗と武士の妙見信仰にかかわっている。天白が星とかかわるのは、一つは機織り神、七夕姫の線、もう一つはこの妙見信仰の線と、二つあったように、わたしは考えている。

いま松本市の天白社にある石の燈籠《とうろう》・手水鉢《ちょうずばち》・常夜灯の寄進年は、寛保三年（一七四三）、宝暦七年（一七五七）、天明二年（一七八二）、文政六年（一八二三）、嘉永二年（一八四九）と、江戸中期から幕末にかけてのものである。拝殿の扉《とびら》に天白社大祭に奉じる芸能祭のポスターがかかっていた。

（昭和52年2月18日）

天白と稲荷――〝民間信仰のメッカ〟里山辺

松本市の東、薄川に沿う里山辺、入山辺の地は、民間信仰のメッカの一つである。例によってわたしは、道祖神を探してこの谷筋に入ったが、歩いていくにつれ、たんに道祖神だけではなく、さまざまの民間信仰が多く蔵されているのに気づいた。

里山辺については、その氏神（薄宮）と祝殿《いわいでん》との二重信仰を中心に、堀一郎・民間信仰が、ふれている。薄宮は、かつて菅江真澄が東北行脚にさいして寄ったことがあり、須々岐宮と書く。祭神がスサノオとタケミナカタと二重になっている。すでにこの境内にリンガがあり、また聖徳太子信仰もかぶさっている。

堀によると里山辺には、二八種九一祠の祝殿があった。もっとも多いのは稲荷四二祠で、ついで金山神七祠、三峯社五祠、弁天社四祠、金毘羅社四祠、天白社三祠、若宮社三祠、飯縄社二祠、諏訪社二祠、御岳社二祠、神明社二祠、八幡社二祠、白山社二祠などである。

稲荷が多い（民間信仰、四六頁）理由を、堀は「稲荷さげ」という神寄せ系の巫女《みこ》の漂泊や、神使信仰によるものとし「この痕跡は稲荷のほかに天白、飯縄等が五祠あるところからも知られよう」とも書いている。里山辺の天白の一つも大天白稲荷神社と合体している。共にイナ作にかかわるから、合体はごく当然である。

堀は天白について明言したことはなく、この本では右のように書いているだけである。しかしこの一文は堀の天白観を示しているのであって、飯縄と天白を一括併記しているように、堀は、天白を戸隠修験がもち歩いたという和歌森太郎説にしたがっている。この点で柳田国男の女婿である堀の天白観は、柳田系の堀田吉雄と、きわめて似ている。

里山辺に天白社は三つあるという。一五七頁に列挙した②、③が、そのうちの二つである。

②　大天白神社　花岡氏祝殿　藤井
③　大天白稲荷　田村氏祝殿　新井

②、③はなんどか訪ねた。もう一つの所在がわたしにはわからない。藤井の道祖神は、わたしの比較的はやい道祖神行でみたものである。いま藤井の公民館前に「南無阿弥陀仏」碑とならんでたっている（今成・松本平の道祖神の写真でもそうだ）が、もとは公民館、道祖神所在地の十字路の山側、ブドウ畑の石がきの上にあった。明治十五年の作である。

この十字路を山側につき当たると、そこに白山大権現があり、薄川の方へ南下すると、道がゆるやかにカーブしてまた曲がる右手に、大天白神社がある。

杉の木立をつくったり、せまい境内にも石積みなどに手をいれているのがわかる。「奉

献　大天白神社　花岡同族神」の懸額にふさわしく、花岡一統が守り保っているのである。前記の堀一郎の本に「花岡姓八戸（で）一講」と書いてあるのが、これであろう。

新井の大天白稲荷は、大きな欅《けやき》の木の下にある。天然記念物のケヤキである。はじめて訪ねたときも、二、三度目も祠《ほこら》はかなり朽ちていた。こんど久方に訪ねてみると、積み石の上に木柵《もくさく》をめぐらし朱塗りの祠も新しい。田村氏の手が入っていまも厚く祀《まつ》られているのがわかる。

なにげなくちかくのバス停をみると、辻堂というところである。この〈天白紀行〉を、自分の住んでいる神奈川県藤沢市「辻堂」の天白さんから書きおこした。ずっとまわってきて、長野県松本市里山辺の新井の「辻堂」で、天白稲荷にゆきあったことになる。そのことが、一日の探訪に疲れていたわたしの心に、微笑をさそった。

（昭和52年2月19日）

桑関の天白 ―― 麻績の系列

松本平の天白のさいごに、麻績《おみ》の天白をみることにしよう。いまの東筑摩郡は松本をさかいに北の山間部と、南の平野部とにわかれる。松本藩の下では、筑摩郡は、三つにわかれていた。(1)南の平野部は嶋立組、出川組、塩尻組の三組にわかれ(2)中央に城下周辺の庄内組、里山辺の山家組の二組(3)そして北の山間部が岡田組、会田組、麻績組の三組にわかれていた。松本藩全体は東の筑摩郡と、西の安曇郡からなりたっていたのである。

天白についていうと、安曇郡に天白のかげはうすい。一、二の字地と天白社がある程度のようである。

わたしは、まず筑摩郡の南に続麻《つうそ》神社を中心とした天白圏(ナハタヒメ圏)をみ、ついで中央部の深志(松本市)の天白神社と、里山辺の天白社をみてきた。のこるのは北の山間部の天白である。

松本藩の信府統記をみていくと、岡田組の井深村(現松本市岡田伊深)に天白神、麻績組の潮沢村(現安曇野市明科東川手)に天白社、会田組の桑関村(現麻績村日桑関)に天白之宮などがあったことがわかる。ほかにも四つ、五つあった。

この麻績が、伊勢の麻続《おみ》神社、現稲沢市の旧麻績村、伊那谷の麻績神社、そして先の続麻神社とつづいた経路の先にあるのが、注目される。(現筑北村坂井の)安坂、永井、(現麻績村の)市野川、矢倉、野口、下井堀、上井堀、高桑山、麻績は、伊勢神宮の麻績御厨《みくりや》の領域である。御厨になったのは平安末期である。この御厨の鎮守としていまも宮本に神明宮（祭神アマテラス）がある。

わたしが筑摩郡（現東筑摩郡）の北の山間部の天白を「麻績の天白」とよぶのは、右のような背景をふまえてのことである。

わたしは、ある一夏、麻績村の道祖神を踏査し、麻績川にのぞむ麻績村の斜面を、上井堀、横屋とまわったことがある。このとき天白も気をつけていたが、なかった。もどって村の教育委員会によって聞くと、上井堀と桑関にあったという。その日はもう昏《く》れようとしていたし、翌日は用があり、それきり桑関に行かなかった。だから、こんどの天白探訪の一つの目標は、この桑関の天白之宮であった。

桑関の名からわかるように、ここは、松本藩の裏「関所」の一つであった。いまも松本市と長野市を結ぶ篠の井線は、麻績川の谷を上って千曲川流域へぬける。川ぞいの道は、麻績を境に隣藩の松代藩と接していたから、ここに「麻績町番所」があった。この本筋のほかに、北に聖口《ひじりぐち》があり、旧日向村（現麻績村）桑関で松代藩の水内《みのち》郡と接していた。

一五七頁に長野県誌による東筑摩郡の天白一覧をあげておいた。⑤天白社　麻績村日向は、正確にいうと、

⑤の1　天伯神社　旧日向村　桑関

⑤の2　天白社　同村　上井堀
⑤の3　天白社　同村　玉根

の三社になる。

桑関の天伯神社は、麻績から信濃新町へこえる道路から、さらに上にあった。バス停の桑関から山手へS字形に上がっていくと、火の見があり、その奥に立っていた。

たけの高い拝殿に入ってみると、そこに掲げられている額のたぐいから、大正十一年六月二十六日に鳥居（木）を修繕し、昭和十年十二月十七日から二十六日まで、天白社の屋根をふきなおしている。昭和九年十二月十四日づけで「敬神観念ニ富ミ」と、長野県神社協会東筑摩支部長名で、日向村桑関部落に表彰状が出ている。桑関の人たちはいまもこの伝統をうけついでいる。わたしは消え去ろうとしている天白のため、そのことがうれしかった。

境内の石燈籠《いしどうろう》の建立年をみていくと、天明八年（一七八八）、享和三年（一八〇三）、文政三年（一八二〇）と入っていた。社のまわりには杉がすくすくのびている。

近道しようとしたら、イラクサにさされてかゆい思いをした。関所の天白さんにたしなめられたのかもしれない。

（昭和52年2月22日）

10 水内

るのである。

わたしの〈天白紀行〉は峠にさしかかる。わたしが「水内《みのち》の天白」と名づける峠をこえるのである。

全国で最も濃密な分布 —— 江戸中期から急に増える

今井野菊さんは全国で三三〇ほどの天白社をあげたが、その五七％（一九三）が長野県にあることは、先にも書いた。この一九三の信濃の天白のうち、上水内郡にその半分ちかい四四・五％（八六）がある。つまり「水内の天白」は、全国でもっとも密度が高い分布を示しているのである。

わたしは踏査のさい五万分の一地図をもって歩く〔今、二〇一六年では、二・五万分の一図がとってかわり、さらに一万分の一図がつぎつぎと出されている。地図は先進・後進のメルクマールと言った地理学者が居たが、日本の地図は長足の進歩をとげたと言っていい〕。昨一九七六年の暮れ、ＮＨＫテレビの教養特集「地図と日本人」に出演した時、わたしの使った五万分の一地図を画面に出してもらった。道祖神のある字地をアカの色鉛筆、天白のある字地をアオで囲み、その他いろいろ書き込んである。

その五万分の一地図の「長野」図は、右半分を長野市と千曲川が占め、左半分は犀川をはさむ山地が占めている。山地の北は戸隠村で、南は大岡村（いずれも現長野市、その南が麻績村）である。わたしがわかっただけで、犀川の南に一八、土尻川と犀川のあいだに二〇、土尻川の北に一五、アオい丸つまり天白分布が書きこまれている。安曇平、松本平で字地ごとに道祖神があるように、ここでは字地ごとに天白がある感じだ。「松本」図はアカ丸で埋まっているが、「長野」図はアオ丸で埋まっている。

たんに量的に密分布しているだけではない。このように大量に分布しているところから天白神の起源について、あるいはこの北信地域が源ではないか、という説が出てくる。密分布と起源の問題が「水内の天白」にもつきまとっている。〈天白紀行〉の峠といった所以《ゆえん》である。

さて、この峠をどのようにこえるか。前夜、戸倉上山田の湯宿で、五万分の一の「長野」「大町」「信濃池田」「坂城」の四図をつなげ、息子と検討した。

北安曇から善光寺平へ、犀川は筑摩山地をこえる。この地域を犀峡《さいきょう》地域とよぶ。集落はいずれも五〜六〇〇から七〜八〇〇《メートル》の山稜上にあり、しかも横の連絡は細い山道しかない。極端にいうと、一つの集落へ犀川筋（国道一九号）から上ると、隣の集落へはふたたび川筋へ下りてきて、また上り直さなければならない。

この地域は松代藩領であった。かなりはやい元禄十年（一六九七）に、同藩は「松代藩堂宮改帳」なるものを作成している。これは道祖神や天白を調べるのにも、まことに役立つ。多くの人が利用している。

その堂宮改帳をみると、松代藩内（犀峡地域）に、天白社は四二社あった。それをいくつかの特徴で分類してみると、まず

㈠　村持　　　三〇社
　　個人祝神　一二社

つぎに、

㈡　天白社　　　三〇社（内一社天伯社）
　　十二天白社　一二社

十二天白社だけをみると、

㈢　村持　　　七社
　　個人祝神　五社

となる。十二天白社とは、天白信仰が「十二山ノ神」にひきずられて「十二天白」となったと、考えられているもので、犀峡地域以外ではみられない（これが天白起源の問題にからんでくるのだが、それは後で書く）。

一七世紀のおわりに四二社だったのが、二〇世紀のおわりに近い現在、この地域に（祠はなくなっても）確認できる天白さんは八六カ所と、ほぼ倍ある。このことは、犀峡地域の天白信仰が江戸中期以降に急激にふえたことを、示している。時代的にいって「水内の天白」はそう古くはなく、せいぜい中世末期以降のことのように思える。

今井野菊さんは、この地域を一九七〇、七一年の二年にわたって、踏査している。堂宮改帳の天白リストと今井調査の天白リストを重ねて、ある目星をつけ、そこからまわることにした。

（昭和52年2月23日）

天白戸隠修験起源説 ―― 水と作物の苦労

早朝、戸倉上山田の湯宿を出、千曲川西岸を北上し、更埴市（現千曲市）稲荷山をへて篠井市（現長野市）下石川から西へ左折して、犀峡山地へ入ることにした。稲荷山は、麻績村から北東への道が松代藩領善光寺平へ出たところである。麻績村から北西、犀峡山地へ抜ける道が、先の桑関ごえである。

下石川にすでに天白神社がある。火伏せの神として信仰されている。これにはあきらかに修験道の戸隠信仰の投影がある。

修験道の研究は、戦後いちじるしく進んだ。戸隠山の修験道は、山岳信仰のなかでは、そう古くない。平安末期の梁塵秘抄《りょうじんひしょう》で、戸隠山を「四方の霊験所」の一つに挙げたのが、文献の古いものである。のち上杉謙信、武田信玄の争覇にさいし、戸隠の「僧徒残ラズ山ヲ離レ」たと、宝永四年（一七〇七）の文書に記されている。慶長（一五九六～一六一四）のころ再興したとあるから、戸隠修験道の信仰の拡大は、もっぱら近世のことで、集団の規模は修験道全体の中では小さかった。せいぜい善光寺平の天台・真言寺院が、自院をもと戸隠三千坊の一つと伝承する程度である。

戸隠修験は、主として九頭竜《くずりゅう》信仰と一体となった〝瀬びき〟の秘法による洪水防ぎで、全国に配札圏をひろげたが、他方修験道一般にみられる火伏せ、火除《よ》けの修法もあった

（火伏せでもっとも著名なのは秋葉山信仰である）。下石川の天白が「火伏せの神」とされているのは、戸隠修験道との混淆《こんこう》である。

善光寺平が海抜三五〇㍍ほどだから、二五〇㍍上ると「水内の天白」のうち、犀川以南の山地に入りこむ。ここを走りまわっているうち、池が多いのに気づいた。小山田池、鹿入池、湧池、大花見池、小花見池、芦沼池は五万分の一地図に名が入り、そのほかじつに多い。この山地にわりと水田が多いのは、これらの池による。犀川の北の地域ではこれとちがって、池がない。

池があればあったで、なければないで水の苦労が、藩政期の農民層をなやましたであろう。池のあるないにかかわらず、犀峡地域に天白が多いのは、農耕治水とかかわってのことだと、わたしは考えている。ここで作物することの労苦が、戸隠信仰、天白信仰をよびよせる。

犀峡地域で戸隠信仰と天白信仰が交錯しているのは、事実である。しかしこの二つはどう関係したのか。関係があってともに根づいたのか、それともべつべつに根づいたのか。戸隠修験道に天獏《てんばく》信仰があったのではないか、という発想は、和歌森太郎の示唆から出ている。しかし和歌森・戸隠の修験道をみていくと、「空中を歩くという天狗類似のイメージで天白さんというものが畏信されてもいる」とだけで、これに注がついていて、堀田吉雄・天白新考という典拠が示されている。堀田の方は、戸隠の天獏が天白のものではないかとの、和歌森談話に示唆されたとしているのだから、これはわたしの専攻の哲学からいうと、トートロジー（同語反復）で、なにも証明したことにはならない。つまり「天白は天獏からきた」「なぜなら天獏は天白のもとだから」というようなものである。

わたしが一昨年インドネシアへ行き、ジョクジャカルタのホテルに居たとき、和歌森さんの希望で、わたしが帰国する翌日に、ある歴史講座の対談をしてほしいと、国際電話がかかってきた。わたしの道の思想史を評価して、和歌森さんはときどきこのような注文をしてくる。

この対談がすんで若干時間があったので、わたしはいい機会だと思い、天白のことをもちだした。この〈天白紀行〉にのべてきたわたしの考えを話し、戸隠天獏を天白の起源とする和歌森説は、どうも当たらないのではないか、と言ったのである。和歌森さんは、大いに興味を示し、君の天白論はぜひまとめたらいい、自分はべつに天白を系統的に調べたのではなく、ただ戸隠修験道を調べていたら天獏信仰があったので、天白のもとはこれかなと軽く思っただけだ、とこたえた。和歌森さんはからっとした人柄で、いく度か酒席を共にしたが下戸の私をもあきさせない遊びをした。酔ってくると腹を出し、墨で目鼻口を描き、腰をゆすって踊り出す。腹に描いた顔がゆがんだり、笑ったり、何ともおかしい。

忘れられない人物だった。
　天白戸隠起源説の実相はほぼこのようなもので、堅固な論拠があるわけではない。

（昭和52年2月24日）

犀峡の畑作地に天白祠——いまもなお続く信仰

　松代藩堂宮改帳の十二天白、一二社のうち、安庭村持や木の村持のものがある。これは今井リストに、

　天白神社、吉原安庭、九尺、六尺祠

とあるのと同一である。天白祠《し》としては大きいといわねばならない。今井はこれに「耳たれの神さま」という聞き書きを注している。
　前夜、宿で犀峡のおびただしい天白群から、まず目ざすものとして、この安庭（現長野市信更町）のものをえらび出した。なによりそれが十二天白であること、いまも信仰されていること、この二つが理由である。

安庭は、犀川が南、西、北と曲流して囲む鼻の上にある。国道一九号も犀川左岸を通ってきたのが、ここで水道橋を渡り、右岸安庭の鼻をつっきった先でまた右岸に変わる。国道が安庭の集落をすぎようとして、右手山側に入る道がある。上っていくと、桑畑の向こうに、養蚕用の三階建ての土を塗りこめた建物二つが目につく。そちらへ曲がって、この建物でおわる道先を、さらに桑畑の間の畑道がずっとのびている。やがて右手に曲がり、もう畑道でもなくなったように消えかかるが、安庭の山鼻の北斜面に出て、ぱっと視野がひらける。ダムでいっぱいになった犀川を見下ろすのである。

視線を右にまわすと、山裾《すそ》に杉の木立があり、その下に鞘堂《さやどう》が見える。これが安庭の十二天白である。

あった、と歩いていくと、右側の山裾にササ、クズ、シダに埋もれて、謡塚と道祖神文字碑がならんで顔だけ出していた。

その前に腰をおろし、一服しながら、いかにも犀峡らしい景観を眺《なが》めていた。

松代藩領は、(1)善光寺平のイナ作地帯、(2)犀峡丘陵地の畑作地帯、(3)土尻川上流の山間部の麻・タバコ作地帯にわかれる。堂宮改帳でみると(1)の堂宮はほとんど祠をもち、(2)の堂宮もおおむね祠をもつが、森有り（宮なし）という形の神がみえだし、(3)になると（仏教の観音堂その他は別に）神はほとんど森有りにかわる。

(2)の例に、安庭村の南にある今泉村（現長野市信更町）をみると、ここにも「十二てんぱく宮」があり、三尺に一尺二寸の小祠をもっている。

ところが(3)の地京原村（現長野市中条）になると、伊勢宮、八幡宮など一八宮と道祖神一一社、しめて二九社、すべて祠はなく「森有」「地斗《ばかり》」と記されている（この項、千葉徳爾・地域社会の信仰と小祠の形態による）。

これからわかるのは、十二天白（ないし天白）は、元禄十年（一六九七）段階で、(1)善光寺平(3)地京原など山間部にはなく(2)犀峡の丘陵畑作地にみられ、しかもこのときすでに祠をもっていた、ということである。(2)の今泉の十二天白と同じもの、それがいま眼前にある安庭の十二天白なのである。

いまでも農村にいって、小祠の神のご利益を問うと、老人から「作りの神」だ、という返事をきくことが多い。和歌森太郎・戸隠の修験道は、戸隠が「物作リノ種神」で、雨乞《ご》いや虫除《よ》けに験のあるところ、というような形が、農村の戸隠講組織と「御師」化した戸隠各坊とのあいだにできたことを指摘している。

この点でいうと、農耕治水の天白信仰と、物作り（農耕）雨乞い（治水）の戸隠信仰とは、きわめて接近してくる。しかし元禄十二年（一六九九）戸隠修験道は、坊号を廃して院号に改め、仏教寺院・寺僧化を強めるのであり、このことは、戸隠「堂」と十二天白「宮」

と、堂・宮の別がつよまることになる。

つまり両者は、効用からすれば近似しており、片方の信仰普及が他方のそれを利するということはあったろうが、もともと別のものだったのである。

安庭の十二天白は、鞘堂に和歌の献額がかかり、中の小神殿も松の彫刻を飾りつけた本格的な造りだった。〆縄《しめなわ》の幣も新しく「御礼大願成就」の小絵馬もかかっていて、この天白がなお安庭の人びとと生きたつながりをもっているのが、わかった。堂の裏手は谷で、その谷先を曲がりこんできた国道一九号が走っていた。

（昭和52年2月25日）

老杉の根方に天白祠――住人と魂の深い交わり

「水内の天白」で、安庭のつぎに目ざしたのは、中条村角井（現長野市中条住良下）の天白神社である。これは「区の鎮守」となっていて、二間に一間の祠《ほこら》を残している、という。

角井は土尻川と犀川とにはさまれた山地の尾根にある。土尻川ぞいの大町街道で中条村の中条までいき、そこで橋をわたって入るのが、いちばんよさそうである。ところがこの橋がかけ替え工事で渡れない。それにこのころから雨がふりだした。

そこで角井とは土尻川をへだてて北の山地、田頭《たがしら》へ向かうことにした。ここには石祠の天白神社があって、村の東側半分の氏神になっている、という。雨がふりだして、人の姿がすくなく、聞こうにも聞けない。いくどか行ったり来たりしてしまった。

ある家で、直観的には帰る客を送り出しているような光景だったが、わりこんで田頭のことをきく。主人と客のやりとりで、客の女性はむろん田頭の天白さんも知っているのだが、自分の家にも天白さんがある、という。ともあれ車で送りかたがた案内していただくことにした。

途中で、田頭の天白さんはあのあたりと、指さす方をみるとかなりの斜面を上った高みで道はない。上の方からまわった方がいいというが、折悪しく雨足は強くなっている。やはり田頭の半分の天白さんで、東半分の人びとで祭りをするという。それで田頭はうちきり、この方の庭天白さんを見にいくこととした。「庭天白」とは、本家の屋敷神の天白が、その氏一族の氏神になったものをいう。

お聞きすると天間《てんま》の宮崎さんである。今井リストでは天白社、天間とあるだけで、どうやら実地にはあたらなかったものらしい。今井リストを補うにも、その方がいい。

宮崎氏はいまリンゴ畑を経営している。かなりの年数のたったリンゴの樹に、びっしり実がなっていたが、涼しかったので実が小さい、という。宮崎氏の氏神の天白社は、家前のリンゴ園のゆるい斜面を、少し下ったところにある。家前には道祖神文字碑もある。

ご主人が長靴《ながぐつ》を出してくださり、それをはいて雨中、出かけた。おりていくと、リンゴの枝ごしに、高くポプラと杉がならんでいるのがみえる。もともとはもう一本ケンポの木があったが枯れた、と話してくれる。

近づくと老杉はかなり枝をひろげ、その下数間四方は、地目が山林になっているそうで、天白社は老杉の根方にあった。

宮崎氏は、この前お寺の過去帳をくってもらったら、初代はいまから三〇八年前、宝暦のころ没している、と和尚さんが話していた、という。三〇八年前は正確にいうと寛文八年（一七五八）になるが、ともかく古くからここに居ついた。しかし天白さんがいつごろからあるかは、わからない。いまは宮崎氏五軒で祭っており、祭りは農閑期の二月初午《はつうま》の日におこなっている。

巨杉の下では雨もおちてこない。ご主人が祠のあるのと反対の側にまわり、指さすので、みると一本の杉のようにみえるが、二本の杉がより立って、片方の枝が他方の幹にくいこんでしまい、さながら一本の巨杉の状を呈している。そのわずかな間がウロになっていて、内部がすこしやけている。六五年前に乞食《こじき》がウロに入りこんで失火したのだそうで、それでも枯れなかったそうである。

写真をとらせていただくことにし、一人残ってしさいにみると、天白祠は自然石を土台にしている。屋根にはトタンをはり、幣をたらした〆縄《しめなわ》もついている。この天白もまた宮崎氏一族に厚くまもられている。「水内の天白」は、だいたいみなまだ天白と住人との魂の交わりがたえていないようで、そのことがたいへんうれしかった。

もどってくると、息子は奥さんからとりたての高級リンゴをいただいたそうである。天間は田頭の上だが、五万分の一地図「長野」に、その地名は入っていない。

（昭和52年2月26日）

▼追補

一九八〇年代以後、私は白馬連山に魅せられ年ごと、新緑、紅葉、新雪と通っている。長野から高速バスで白馬村八方まで行く。その通路が大町街道で、行き帰り通るごと天間・宮崎さんの天白を思い出し、とても懐かしい。

起源はずっと新しい――〝縄文以前〟とんでもない

宮崎さんに角井へ行きたいと言ったら、中条の町を通りすぎたあたり、梨木に渡ってから行く道があるという。地図でみると、それから角井まで、

①　松ノ木　天白社　祠跡
②　百瀬　天白社　小祠
③　上長井　天白社　祠跡（小林氏祝神）
④　茂菅　天白社　祠跡
⑤　楡之木　天白神社　二間一間社祠（鎮守）
⑥　角井　天白神社　同（同）

と天白が集落ごとにあり、その先にも

⑦　赤柴　天白社　木祠
⑧　大河　天白神社　九尺四方社祠

とある。これらすべてをと意気ごんだが、舗装していない道が折からの雨ですべり、車がぬらっとスリップして、とても尾根道から集落へは降りられない。地図で平面的に見ていたのとちがい、来てみると家々はみな道下の斜面に散在している。

角井でだけ車をおり、雨の中を四、五軒まわったが、どの家も留守である。ようやく人影をみつけて声をかけたら、信州新町つまり犀川の対岸から来た人で、まるでだめである。あきらめた(書く順が逆になっているのだが、取材ではこの日、麻績の桑関まで行く予定だった)。

あと一カ所だけよることにした。大岡村河口(現長野市大岡甲川口)である。これは松代藩堂宮改帳にもあり、今井リストに「犀川の中洲にあり　祠」とあるもので、前に書いた天竜川の洲にあった天白とともに、いかにも治水神のあり方にふさわしい。しかし訪ねた川口で犀川を数カ所からのぞいたが、洲は一つもなく、流れはきわめて速かった。

天白戸隠起源説をしめくくることにしよう。堀田吉雄「天白新考」(山の神信仰の研究、一九六六年所収)は「十二天白」の呼称から、縄文以前からの原始信仰につながる「十二山の神」がもとにあり、その基盤に外来信仰を根底とする天白神が覆いかぶさった、とみている。「十二山の神」は「北方的狩猟文化」のもので、東北、上野(群馬)、越後、北信(濃)に分布する。外来信仰の天白は、平安末、中世初の「天一星」「太白星」の「陰陽道的星神」を「合成」したものだ、というのである。

わたしはこの説に賛成できない。山ノ神信仰、山岳信仰と天白とを短絡させるには根拠がうすく、また山ノ神信仰をかるがるしく「縄文以前の原始信仰」というのも、根拠がうすい。縄文以前とは一万二千年以上も前ということである。

十二山の神と天白の分布とが「だいたい一致」「多少のズレはあるにしてもほぼ重なり合っている」というのも、事実に反する。重なっているのは犀峡地区だけであり、しかもここですべての天白が十二天白なのではなく、せいぜい四分の一強（堂宮改帳）の十二天白があるだけである。堀田説は、一地域の一部の現象をもって、全天白の本質の起源とするもので、とうてい支持できない。

また「水内の天白」を通じてみてきたように、この地域の天白が、堀田のいう（天白信仰の始まった）平安末、中世初からあったという証拠はない。ずっと新しいのである。戸隠信仰との関連でいっても、それが水内にひろがってくるのは江戸期以降であり、「水内の天白」はまずもって江戸期、どんなにさかのぼっても室町末期をさかのぼらない、とわたしは考えている。

信濃はたしかに縄文中期の文化が花開いたところであり、縄文中期農耕起源説をめざして藤森栄一が苦闘した。しかしその藤森にして、五世紀ミシャグチ（洩矢氏）、八世紀ミナカタトミ（大祝神氏）という藤森説をふまえ、天白は八世紀の神の交代にともなって入ったと述べたわたしの「天白」論（道の神、Ⅱ天白）をみて、縄文中期と古墳時代の継ぎ目のなさを嘆いている、と来信してきたのである。縄文以前の日本固有信仰などとかるがるしくいう、柳田門の弊は正されねばならない。

（昭和52年3月1日）

▼追補

今井野菊・大天白神によって、巻末（「追補　天白一覧」二七五〜二七八頁）に「水内の天白」を掲げる。

11 佐久

気になる矢島氏、真田氏 —— 四つの駒形神社

「佐久の天白」という項を立てたが、分かっているのはわずかにつぎの二社である。

① 大天白神　佐久市上塚原字天白
② 大天白神　北御牧村島川原字天白

この二社で「佐久の天白」二回にあてたのは、分布の状況からいうと不公平であるが、気にかかることがあってそうしたのである。なにが気にかかったのかは、おいおい書いていく。

住んでいる神奈川県から佐久へは、東名を富士宮インターでおり、富士西麓《ろく》の有料道路

をへて、韮崎から一四一号で八ヶ岳東麓を北上する。八ヶ岳を愛するわたしはこの道が好きである。いっさんにとばして佐久市から西に曲がりこむと、約三キロで上塚原である。

　上塚原に入ってすぐ、二つの神社が南北にならぶが、北のがめざす諏訪神社である。正面の本殿が諏訪明神だが、その右隣に鞘堂《さやどう》に入った相殿がある。ここには御岳信仰もかかわったとみえ、その石碑もあるし、天満社・産土神（ともに木祠）をはじめ、石祠も三つほどある。わたしは、鞘堂の右手下の石祠がそうではないかとみたが、どれが境内社の大天白神なのか見当がつかない。

　ここからついでに下塚原へまわった。ここの神社は駒形神社で、本殿はたしか重要文化財になっている。文明十八年（一四八六）の再建で一間社流造りである。重要文化財に興味があるのではない。これをいれて四つの駒形神社に関心がある。

　下塚原は千曲川に近い。渡ると浅科村（現佐久市）の御馬寄《みまよせ》、すなわちかつて貢馬を集めたところである。この川は北流して小諸辺りで西流に転じる。小諸城址《し》の南に駒形坂があり、そこにも駒形神社がある。千曲川と並行して、その西に支流の鹿曲川がやはり北流する。二つの川の間は山地である。下塚原から御馬寄をへて西へ行く道が、この山地に行き当たるあたりに望月町（現佐久市）の牧布施（山をこえる望月）があり、ここにも駒形神社がある。鹿曲川の下流西岸に北御牧村（現東御市）の藤沢（現立科町藤沢）があり、ここにも駒形神社がある。

この四つの駒形神社を結ぶ四辺形が、古代より名高い「望月の牧」である。駒形神社は牧の四隅《すみ》に立てられたものである。牧監は滋野氏である。

わたしは前に甲賀三郎伝説と甲賀（忍者）望月氏にかかわって（それは諏訪との関係が深い）、滋野氏系図（続群書類従、第七輯）を調べたことがある（山田宗睦著作集・隠れた日本人、六章「中世日本人の伝承世界」）。清和天皇四代の善淵王が延喜五年（九〇六）に滋野姓を賜ったが、善淵王から六代重道に三人の男子があり、それぞれ海野、望月、禰津の三氏の祖となった。また初代望月国重の四男行忠は矢島氏をおこしその祖となっている。矢島氏は浅科村字城平の矢島城に居た。いま望月町牧布施の山をへだてた東隣が浅科村の矢島である。有名な真田氏（のち松代藩主）は、海野氏の出である。

とつぜん「望月の牧」「滋野氏系図」の話をしたので、読者は戸惑ったにちがいない。なぜこんな話をしたのか。

佐久市下塚原、望月町牧布施、北御牧村藤沢、小諸市駒形坂、この四隅を結ぶ「望月の牧」に、「佐久の天白」をおいてみよう。

東南隅の佐久市塚原のところに上塚原の大天白神、西北隅の北御牧村藤沢のところに島川原の大天白神がある。まるで「望月の牧の天白」のようにみえるのである。

もっともこれだけでは、なんの話にもならない。それでは、十二山ノ神の分布と十二天白の分布を重ねた堀田説のやり方と、同じになってしまう。わたしは望月の牧が天白の起源と関係しているなどとは、まったく考えていないのである。

それではなぜ、思わせぶりに望月の牧にふれたのか。牧には関係ないが、牧監滋野氏と同族の望月、海野、禰津、矢島、真田五氏のうち、後の矢島、真田二氏が気にかかるのである。

（昭和52年3月2日）

千曲川のほとりの大天白社 ―― 企業進出で遷宮、建立

前回はややもってまわった書き方をした。こんどは楽屋裏の方から書こう。

「諏訪の天白」の項で、茅野市横内の大矢嶋氏祝神、大天白社のことを書いておいた。その社殿造営記に、大矢嶋氏がヤツカオ神を始祖と記していたことは、そこで書いておいた。

その時、わたしが注目したのは、その造営記（昭和四十七年）の中央上に、古銭六枚をならべて張りつけてあったことである。すなわち真田六文銭の旗印である。

これを見たとき、わたしは直感的に、大矢嶋氏は、あの滋野氏一族の矢島氏につらなる

ものではないか、と思った。大矢嶋さんによって系譜その他を見聞させてもらおうかとも思案した。しかしヤツカオ神の裔《すえ》で「二千数百年来……郷土の為に貢献した」とされているのを、わざわざ騒がせるのがためらわれた。

いまは信濃史にたちいるひまはないが、滋野一族と諏訪氏とが深い関係をもったのは、木曽義仲挙兵の時である。義仲は滋野氏をたより佐久・小県を拠点とした。この軍勢にやがて上社の諏訪、下社の金刺、大祝両氏が加わる。また北条氏の時代、諏訪氏を中心に党的な武士団ができるが、これが「神党」で、滋野一族がこれに加わっている。建武新政の時のいわゆる「中先代の乱」で、神党は北条時行に組みし、市河文書が「諏訪祝ならびに滋野一族など謀反を企てる」と記している。

武田信玄は、この諏訪、滋野両氏の同盟をくずす。信濃の生産力に目をつけた信玄は、滋野一族を降して佐久・小県を手にいれ、他方諏訪氏をほろぼした。武田方となった望月氏を中心とする滋野一族は、以後これにしたがった。ためにあいついで織田、北条、徳川勢の攻略をうけ、天正十年（一五八二）望月城は徳川勢によって落城し、これ以後、滋野一族は真田氏を代表とすることになる。望月落城にさいし、一八歳の当主昌頼は上田の真田氏を頼って落ちたが、土民が蜂起《ほうき》して襲い、昌頼は自害し、従者は四散した。その中に矢島左近の名がみえる。

確たることではないが、横内の大矢嶋氏祝神の天白から連想して、佐久の天白が望月の牧の東南、西北隅に位置する偶然を、わたしはおもしろいことと思ったのである。

その西北隅の大天白神は、鹿曲川が千曲川にそそぐところ、北御牧村島川原字天白（現東御市）にある。そしてわたしの知るかぎり、この天白は、あの伊勢の麻続《おみ》さん、員弁の麻生《おう》神社と同じく「長ノ白羽神（天ノ白羽神）」を祭神としている天白社二社のうちの一つなのである。もう一つは三義（伊那市高遠町）の大天白社で、こちらは「天ノ白羽神」としている。

訪ねてみると日興産業の上手に隣接して、残っていた。河原の丸石をコンクリートで固めた台上に、古い小石祠《し》がのっている。裏には「遷宮の理由」がある――

「北御牧村農村地域工業導入実施計画に基き日興産業株式会社北御牧工業誘致に伴い大字島川原字天白四百参拾弐番地天白社境内地が工場敷地として必要となり氏子総代会ならびに氏子全員の総会等協議を経て北御牧村、日興産業株式会社の協力により現在地へ遷宮建立したものである。昭和四十八年八月吉日」

宮司曽根和夫、氏子総代河野徳治（ほか四人、また区長、村会議員、農業委員各一人、特別委員四人が名をつらねている)。

要するに、現代の「神」である工場誘置のために、天白神はもともとの地をゆずって、ちょっと上手へ移動したのである。周囲はイナ田で、天白社に正面から対すると、右手中景に布引観音のある山鼻が、左手遠景に浅間山とその裾《すそ》が見わたせる。むろんその間を千曲川が流れている。いかにも治水農耕の神、天白にふさわしい景観である。

さて、この「佐久の天白」は、どこから伝播してきたのであろうか。それを解くには「小県の天白」を、あわせみなくてはならない。

(昭和52年3月3日)

12 小県

松本から来た三つの社 ―― 四賀村を通り佐久へ広がる

長野県小県《ちいさがた》郡の天白は、長野県誌によると三社ある。

① 天白大神社　上田市（旧）下之条（村）須々木山　祭神猿田彦神　祭日四月二十四日
② 天白社　上田市（旧）小泉（村）　祭日二月十五日
③ 天白社　青木村沓掛荒屋　祭日七月十五日

上田市から千曲川を渡るとすぐ諏訪形で、ここから二本目の道を東へゆくと、中之条を通って下之条に出る。まちがって一本目を東に折れたら、中之条の高校につき当たった。高校にそって曲がると文字の道祖神碑があった。

下之条の入り口を右に入ると神社がある。行ってみたがむろんちがう。その先のブドウ畑の中に小社があったが、これは笠戸稲荷大明神である。畑仕事の老人にうかがうと、西の山をさして、あの山の上だという。太陽はもう大分傾いてきている。うんざりした。

五万分の一地図「上田」でみると山口という字地の裏山の中に神社の印がある。行ってみると梯子《はしご》を立てたような石段が、ずっと上までつづいている。

ともかく、上った。一段の踏みこみ幅は、一足が入らない。足を横にして上る。七、八十段で息が切れる。休む。小康を得るとまた上る。切れる、休む、上る——これを数度くりかえした。休むごとに視界がひろがる。千曲の流れと上田市が眼下にある。また上る。こんどは息切れとともに、膝《ひざ》が笑い出す。まいった。

しゃにむに意地で上ると、松の疎林の中にトタン小屋の社殿がある。天白を証するものは一つもない。

じつは石段の数をかぞえておいた。下りてきて「須二《すず》（須須）貴《き》山神社」という懸額を見上げていると、さっきの老人がよってきて「上ったか」という。「上った」というと「石段が五九六段あって、お参りゴクローさんだ」と笑う。四月十五日の祭りに、若い衆が段を駆《か》け上り、下りは段横をすべりおりるそうである。下の方の段横は滑り台のようにコンクリで固めてある。数はたしかに五九六段だった。

「須二貴山」は「須々木山」「鈴木山」となり、いまは鈴木神社と書くらしいが、旧天白神社であることはたしかである。

じつはこの「須々貴」にひっかかっていて、「9　松本平」でふれた松本市の東、里山辺の「須々岐水神社（薄宮）」とのかかわりを、考えているのだが、これは後考にまちたい。「須々貴」・天白山は、支流浦野川が千曲川に流入する山鼻にある。この支流をさかのぼると、②小泉の天白はほんの二キロほど西、そして青木村役場の所から分かれて西南へ行くと③沓掛温泉・荒屋の天白がある。沓掛へのわかれ道を西北にとると、地蔵峠をこえて、東筑摩郡四賀村（現松本市）に出、北から松本市へ入る（旧松本街道つまり国道一四三号である）。この四賀村に、前に書いたように、

大天白社　四賀村横川（旧横川村札）
天白社　　同　中村（旧中村村社）

がある。

五九六段で疲れていたし、夕方の気配がしだしていた。しかし思い切って四賀村まで行った。たいへんなヘアピンカーブで、ついた時は昏《く》れてしまい、雨もおちてきた。

四賀村は験がよくない。ここは横川、中川、上平と双体道祖神像がある。前に上平の双体像を訪ねたとき、この時も雨で、車がスリップして両側のきりたった所で立ち往生したことがある。それを思い出し、無理しないことにした。四賀村横川、中村の天白社は、現存するのかどうか。

わたしは「小県の天白」は「松本の天白」が「四賀村の天白」をへて、延びてきたものと考えている。それはさらに「佐久の天白」へと拡《ひろ》がっていったのである。

もう一つ考えられるルートは「諏訪の天白」が、和田峠ごえの中山道を経由して、下塚原（中山道沿い）、島川原の「佐久の天白」に延びた、というものである。下諏訪町の天白町（下社春宮の上）に、大天伯社、天白古墳がある。しかし、ここから下塚原まで、六〇キロほどとんでいるのが難点である。下諏訪の大天伯社もさがしそこねた。疲れと空腹と雨とで、なにもかにもがむなしい感じがした。

（昭和52年3月4日）

13　遠江

〝おぼろけや〟――北設楽〝花祭り〟の天白

〈天白紀行〉は、また東海道筋にもどる。わたしの手元に数十通の読者の手紙がある。どれからも新知見をえたし、毎回読んでいると書かれているのをみると、もの書き冥利《みょうり》につきるおもいがする。あつく感謝したい。

いまは岡崎以東を知らせてくださったものを紹介し、以西の分はいずれまとめを書く折にふれることにする。矢作川流域から東、遠江につながる天白についてわたしは豊橋の天白しか知らなかった。蒲郡市三谷町の竹内英夫さんから、三谷にも天白神社Ⓐが祭られ、昔は天白社天王宮といったが、本殿は万延元年（一八六〇）の再建、安政四年（一八五七）の手洗鉢《ちょうずばち》、文久二年（一八六二）の天白天王御広前とある幟《のぼり》などが現存すると、お知らせいただいた。祭神はスサノオである（本書「追補　天白一覧」の二七三頁「東三河の天白」リスト⑳に当たる）。豊橋市の南に天伯原があり、もと陸軍練兵場であった。その西、高師の畑ケ田に天伯神社Ⓑがあったのは知っていた（同リスト⑧）。豊橋市の岩瀬延雄さん（七四歳）は、もと神明町にも天白稲荷社Ⓒがあったが戦災で焼失し、いま神明神社に合祀《ごうし》された（同リスト⑫）こと、また魚町安海の熊野神社、広小路三丁目の白山比咩神社（伊雑宮合祀）とともに、延元元年（一三三六）に代々伊予守を称した神主（神明神社の？）鈴木氏が、北伊勢から当地へ移住した際、船に熊野権現、白山社、天白社、伊雑社を捧持《ほうじ》したという伝承があること、を知らせてくださった。

これらが、さらに東の遠江の天白につながっていくのである。いまのところ遠江には四七ほどの天白社があり、これは東三河よりもずっと多い。

こんどの〈天白紀行〉の旅で遠江には、二五七号で入った。つまり伊那谷から稲武、田峰をへて南下したのである。春日井市の遠藤鐵樹さんは、この稲武も猪名部・員部氏と関係のある地名ではないか、とお便りに書いている。

そして愛知県北設楽郡、東栄町月字上貝津一三番地ノ一の六社神社祭神の一つに「天白渡ノ大神」Ⓓ（同リスト㉔）があること、また同郡津具村下津具北方の信仰行事（明治初年ころ）に、九月二十四日天狗祭、天白様と書かれていること、さらにこの北設楽郡の〝花祭り〟の中心の舞の後の行事（後段行事）に、振草系では「おぼろけ」という種目があること、を知らせてくれた。「おぼろけ」とは、供物の包みと祓銭《はらえ》をなげて、五方位（東西南北中）にとなえごとをする行事だが、このとなえごとのなかに、

伊セや伊セの国のおぼろけや
ひぼろけうけてかえり給え
謹請東方には一万三千宮の
大天狗小天狗大天白小天白
おぼろけ　おぼろけ
おぼろけ　おぼろけ
おぼろけ　おぼろけ

とある。大野晋（岩波古語辞典）説では、オボロケは朧《オボロ》＋ケ（様子）で、江戸時代まで清音、いまはオボロゲとなった言葉である。ほとんど否定表現と共に使われているうち、オボロケ（なみ、ありきたり）とオボロケナラズ（なみなみならぬ）の区別がなくなった。右のオボロケは、この後の並々でなく畏《かしこ》いこと、という意味である。ヒボロケはヒボロ「キ」（名義抄）↓ヒモロキ（神籬）が、オボロ「ケ」にひきずられて、ヒボロ「ケ」になったもの

と、わたしは考える。〝伊ヽせヽやヽ伊ヽせヽのヽ国のおぼろけや〟と信州新野峠に近い山間の旧振草村（現北設楽郡東栄町振草）の民間芸能「おぼろけ」が歌っていることに、私は天白の起源が伊勢にあることの伝承と見なし、感慨を新たにした。先に、遠山霜月祭の天伯のことは書いたが、設楽の花祭りの中にも、天白が出てくることを知って、たいへんうれしかった。まことにオボロケであり、遠藤さんに感謝したい。

北設楽郡東栄町の佐々木亀鶴さんは、たしか月の道祖神その他を訪ねたとき、いちどおあいしたと記憶しているが、同町奈根字中在家《なかじけ》に、集落の守り神として「てんぽこ様」Ⓔ「飛八様」を祀《まつ》ってある（同リスト㉕）と、知らせてくれた。以上Ⓐ～Ⓔの天白の所在は私の知らなかったところで、とくに〝おぼろけ〟のとなえごとを知ったのが、うれしかった。

これらのお知らせを背負って、遠江の天白群を探訪することになるわけである。

（昭和52年3月5日）

遠江でも治水農耕の神――立派に祭られ今に生きる

伊那谷から国道二五七号で北設楽を経て静岡県に入ると、まず黒田である。引佐郡旧伊《い》平《だいら》村（現浜松市北区引佐町伊平）の黒田に熊野神社があり、その境内に天白社があるはずである。雑貨店に年配の主婦数人がいたので聞いてみたが、この辺はみな六所神社で熊野神社はないという。

先を急ぐので再訪を期し、この道が都田川流域に出た三和（現浜松市北区細江町三和）へ出た。ここの八幡神社境内にも天白社があるはずだが、老人数人に当たったが三和に八幡様はないという。狐《きつね》につままれたようで、三番目に予定していた引佐郡気賀町（現浜松市北区細江町気賀）伊目の白山神社をめざす。こんどもないかと思ったが、これは浜名湖畔の丘陵の上にあった。石段を上った境内に、八つほどの社祠があるが、天白社はない。本殿の縁下に半壇の小木祠《し》がおいてある。あるいはこれかと心細く眺《なが》めた。

浜名湖には伊目や舘山寺温泉のある半島が突出している。その先端、浜名郡旧和田村五島札木（現浜松市東区）に天白神社があるはずである。いやな予感がしたが、畑にうないする老婆にきくと「天白神社じゃなくテンパク様と昔きいたことがある。たしか屋号か、あっても小さな祠《ほこら》のようなもので、いまはたぶんないだろう」という。

こうもないとふてくされてしまい、早めのおヒルにしようと、かねて知っていた佐鳴湖畔の鳥善へ行った。湖を見下ろしてうまい食事をすますと、精気がもどってくる。左手に佐鳴湖の落口が見える。それを眺めていて、あの辺にありそうだという気がした。もどってみると、まさしくあった。浜名郡旧入野村（現浜松市入野）の天馬駒《てんばこ》神社である。

ただしこう記した石柱は昭和十五年十月のもので、石の鳥居にかかる石の懸額には天白神社とある。

拝殿の格子からのぞくと、静岡県神社庁から昭和三十五年十月一日づけで、入野の天白さんは、十四等級神社と認証されている。あまり高くはない。いや、低い格づけである。四十八年三月吉日に奉納した幟《のぼり》もある。住民の尊信はつづいているのである。

神社の背後に、浜名湖へそそぐ佐鳴湖の落口がある。この天白社が治水農耕の神であったことをしのばせる立地である。佐鳴湖は、例の三遠式銅鐸《どうたく》がつくられたところだし、諏訪信仰の伝承中にも、この佐鳴湖のことがでてくる。その湖畔に入野の天白をみいだしたのがうれしかった。

やっと一つ訪ねあてたが、そうなると勢いづいて、天白社のリストを眺め、境内社はのぞいて、独立の天白神社をぬきだす。天竜川の東、太田川の西に、

①　天白神社　旧十束村（竜洋町）堀之内
②　同　旧豊田村（豊田町）池田
③　天白社　旧向笠村（磐田市）岩井　鹿島神社境内社
④　天白社　見付宿町（〃）　水野家祝神

の四社がある。いさんで海岸沿いの国道一五〇号で天竜川をこえ、竜洋町（現磐田市）へ入った。天竜と太平洋を合体した名の小さな町だ。

堀之内はこの竜洋町にある。集落をぬけて左手に神社が見える。半信半疑で、享和元年（一八〇一）銘の御神燈など、少ない境内の物をみていくが、どこにも天白の字はない。寺風の社殿をのぞいてもない。もどってこの社殿の全体を眺めたら、棟に横に天白神社とされてある。声をあげて「あった」とさけんだら、通りがかりの農家の主婦が、にこっとした。聞いてみると、この天白神社は、堀之内本村八〇〜九〇軒で祭り、祭日は十月十二日だそうである。祭神をきいたが、わからないという。五キロほど北、旧豊田村（現磐田市）池田にも②天白神社がある。天竜川堤防下の村である。

一望の天竜川氾濫原《はんらん》に、イナ田がひろがり、この天白神社の周辺もまた出穂直前の青い稲田や畑に囲まれている。抜けるように青い天、青い地。遠江で天白は生きている。

天竜川東岸（氾濫原）には、河口から二五キロほど上流の豊岡村（現磐田市）辺から惣兵衛上新田、同下新田、豊田町の寺谷新田、豊田町の七蔵新田、源平新田、仁兵衛新田などが南北につらなり、河口の竜洋町から東へ、海岸線沿いに、福田町（現磐田市）の清庵新田、塩新田がある。豊岡村を頂点とし天竜氾濫原は末広がりに、太田川西岸の福田町、東岸の浅羽町（現袋井市）まで広がっている。このタテ長の三角形の中に、太田川の西に四つ（前記）、東に四つ（後記）の天白社が存在する。新田の造成と併行して、ここでも、天白はどうやら治水農耕の神である。それがいまでも農民にうけつがれて、りっぱに祭られているのである。

⑤　天白神社　旧上浅羽村（現袋井市）浅羽
⑥　同　　　　同　　　（同　　）浅名
⑦　天白社　　旧東浅羽村（同　　）初越　熊野神社境内社
⑧　同　　　　旧今井村　（同　　）小山　八雲神社境内社

（昭和52年3月8日）

磐田、小笠両郡に多い――旧家の祝神とし今も信仰

遠江の磐田郡から小笠郡にかけては、いまでも天白がよく保存されている地域である。読者からも、磐田市の水野辰郎さんが、同市見付宿町の自宅にも、裏門から入ると正面に、タテ二尺、ヨコ一尺の天白社（前回の④）があり、毎年十二月十五日を祭日とし、オコワを供える、と知らせてくれた。社殿の下の石を枕《まくら》の下におくと、子供の夜泣きが治ると、言い伝えてきたという。小笠郡浜岡町（現御前崎市）の小野芳郎さんは、同町下朝比奈に天白社⑨があり、祭神はサルタヒコ、社殿は三×五メートルほどで鳥居もあり、毎年十月十日の町祭りに、まつる。また上朝日奈横舟にも天白社⑩が、水野良夫家の祝神としてある、という。右の④⑨⑩三社、これまで未報告のもので、お知らせにあつく感謝したい。

　磐田郡には、前回書いた八社と新報告の⑨⑩のほかさらに、

⑪　天白社　向笠村（現磐田市）岩井　鹿島神社境内社
⑫　同　今井村（現袋井市）小山　八雲神社境内社
⑬　同　久努村（同　）　富士浅間神社境内社
⑭　同　山崎村（同　）清ケ谷　猿田彦神社

の四社がある。このうち⑭を訪ねた。もと天白社をいま猿田彦神社と言っている。本殿の右横の境内社に、宝暦二年（一七五二）その他の白山修験とかかわる守護札が入っていた。

　小笠郡の天白社はもっと数が多い。

⑮　天白天王　初馬村（現掛川市）上河原
⑯　天白　飛鳥村（同　）
⑰　神明天白　幡鎌村（同　）
⑱　天白　下股村（同　）
⑲　天白社　上内田子隣（同）　白山神社境内社

右のうち⑲は、文化三年（一八〇六）四月に合祀《ごうし》したものである。

⑳　天白大権現　佐東村（現掛川市）高瀬

これは、足利尊氏の三男基氏（関東管領）の姫が、大沢椿大夫とともにこの地にあり、守本尊として創祀したものと伝えられ、いまは猿田彦神社と改称している。菊川町（現菊川市）に多く、町名が示しているように、菊川の本支流沿いに分布する。

㉑　天白神社　旧内田村字高田（現菊川市下内田）　明治八年高田神社を合祀、明治四十一年一月古川神社と改称

㉒　天白社　旧河城村字和田（現菊川市和田）　明治六年に村内の諏訪社、稲荷社、天白社、荒神社、御岳社を合祀し大井神社（祭神、水上之命、稲倉魂命）とした

㉓　天白社　旧横地村西横地（現菊川市西横地）　現若宮八幡神社合祀

㉔　天白八幡　旧西深谷村（現島田市神谷城）

㉕　天白　旧西倉沢村（現菊川市倉沢）

㉖　天白社　旧牛淵村（現菊川市牛渕）

このうち㉓の天白社は、元禄二年（一六八九）に渋谷弥左衛門が邸内より移転して創建したものだが、明治七年に若宮八幡神社に合祀した。

㉗　天白社　現掛川市坂里　柴山神社境内（祭神、宇迦之御霊神）

㉘　天白社　同　国包　鹿島神社境内社

㉙　天白社　現菊川市下平川　八幡ケ谷

㉚　天白社　同　上平川　春日神社境内社

㉛　天白社　同　高橋

㉜　天白社　現牧之原市静谷　八幡宮境内社

㉝　天白社　　同　　片浜　木宮神社境内社
㉞　天白社　現森町天宮　　天宮神社境内社

掛川志稿、遠江風土記などにのる記録で、このほかにも四つ、五つあるようである。それこれ考えてみると、この辺にはもっとかくれた天白があるような気がする。

そこで、広い田のあちこちに見える人影をおって、聞いてまわった。六、七人当たったところで、ある老婆が、向こうの人影をさし、あの人のところにあるから聞いたらいい、と教えてくれた。

磐田郡福田町（現磐田市）豊浜の山城巌さんである。明治三十五年の生まれで、いま七五年と二カ月だというが、小柄ながらとてもそうとは思えない。畦道《あぜみち》にならんで腰をおろし、話をきく。ずっとひろがる田の向こうに、小さな樹叢《じゅそう》がみえる。それが天白㉟で、もと小祠があったが、いまはなくなっている。

日露戦争のとき、父の舎弟が豊橋の十八連隊に入り、はじめからしまいまで第一線で戦ったが、かすり傷一つしなかったというので、このころいちばん「繁盛」した、と話し、しかし「こんどの戦争」（十五年戦争）では、みんな忘れられてぜんぜん無関心だった、という。戦後、燃すものもない時、樹叢を伐《き》ったものがいたが、祟《たた》りでけがをした、ともいう。

う。行ってみると、国道一五〇号わき、水路の傍らに、小さいがこんもりと茂っている。大事にしてくれるよう頼んで、別れた。

（昭和52年3月9日）

14

井伊谷

遠江の引佐へ、私は、国道二五七号（伊那街道）で入った。三遠の山中を馳け、静岡県（遠江）に入ったところが旧伊平《いだいら》村黒田（現浜松市北区引佐町黒田）である。熊野神社の所在を聞いたのは、東黒田である。ないと聞くなり通りすぎたが、その引佐町の井伊谷に天白社があるとは、まったく知らなかった。

三〇年ほどがたち、旅先の本屋で一冊の本にめぐりあった。辰巳和弘・聖なる水の祀りと古代王権――天白磐座遺跡（二〇〇六年）。見るなり求めた。辰巳さんは、（ご本人に関係はないが）私が京都大学の哲学科を卒業した（一九四六）年の生まれで、静岡県の文化財行政に参画したのち、同志社大学の考古学の先生になった。ホテルにもどり一気に読んだ。

井伊谷《いいのや》は、桜田門外で殺された大老井伊直弼《なおすけ》の始祖、共保《ともやす》が出生した地である。すでに、倭名《わみょう》〔類聚《るいじゅう》〕抄《しょう》に、井以の表記で出ている。地図をも借りて、当時の遠江国引佐郡が、美也古多（京田）、於佐加部（刑部）、井以（渭伊）、以布久（伊福）の四郷からなるのを、みておこう。辰巳さんは、刑部《おさかべ》や伊福部《いふくべ》と部制にかかわる地名は、奈良朝以前にさかのぼるし、京田《みやこだ》は屯倉田《みやけだ》の転訛で延喜神名式にいわゆる引佐郡六座の中の三宅神社はここにあったはずとみている。

渭伊は、辰巳さんもいうように、紀伊、斐伊と同じで、もとは渭の一字で足りていたのに、二字にしろとか好字を用いよとか中央の役人の指示で、伊が着いた。渭はすなわち井である。この井は、龍潭寺から一直線にくだった水田のなか、井伊氏の始祖生誕の伝承をもつ井戸に象徴されるが、辰巳さんは周到に、井伊谷町内を調べ、椿井戸、井ノ口、井戸尻、水神など、一〇〇例近い井や水に関わる名があるのを確かめている。始祖伝承の井だけが地名のいわれではない。辰巳さんは、日本の古代遺跡1静岡（一九八二年）で、すでに、渭伊神社は井神社であること、井伊谷では「柳井戸」「鰻井戸」が現在まで祭祀の対象であること、「『遠江国風土記伝』ははかにも「井伊谷坐井大明神社」という井大神をまつる神社の存在を記載しており、井戸や井水にたいする信仰がひろくおこなわれていたことが知られる」（二二二頁）と述べていた。井伊谷はまさしく井の郷《さと》だった。

辰巳さんは、一九七九年から足かけ一八年をかけ、在地住民と井の郷周辺の古墳の発掘を手がけ、「北岡大塚古墳（前方後方墳）→馬場平古墳（前方後円墳）→同三号墳（同）→

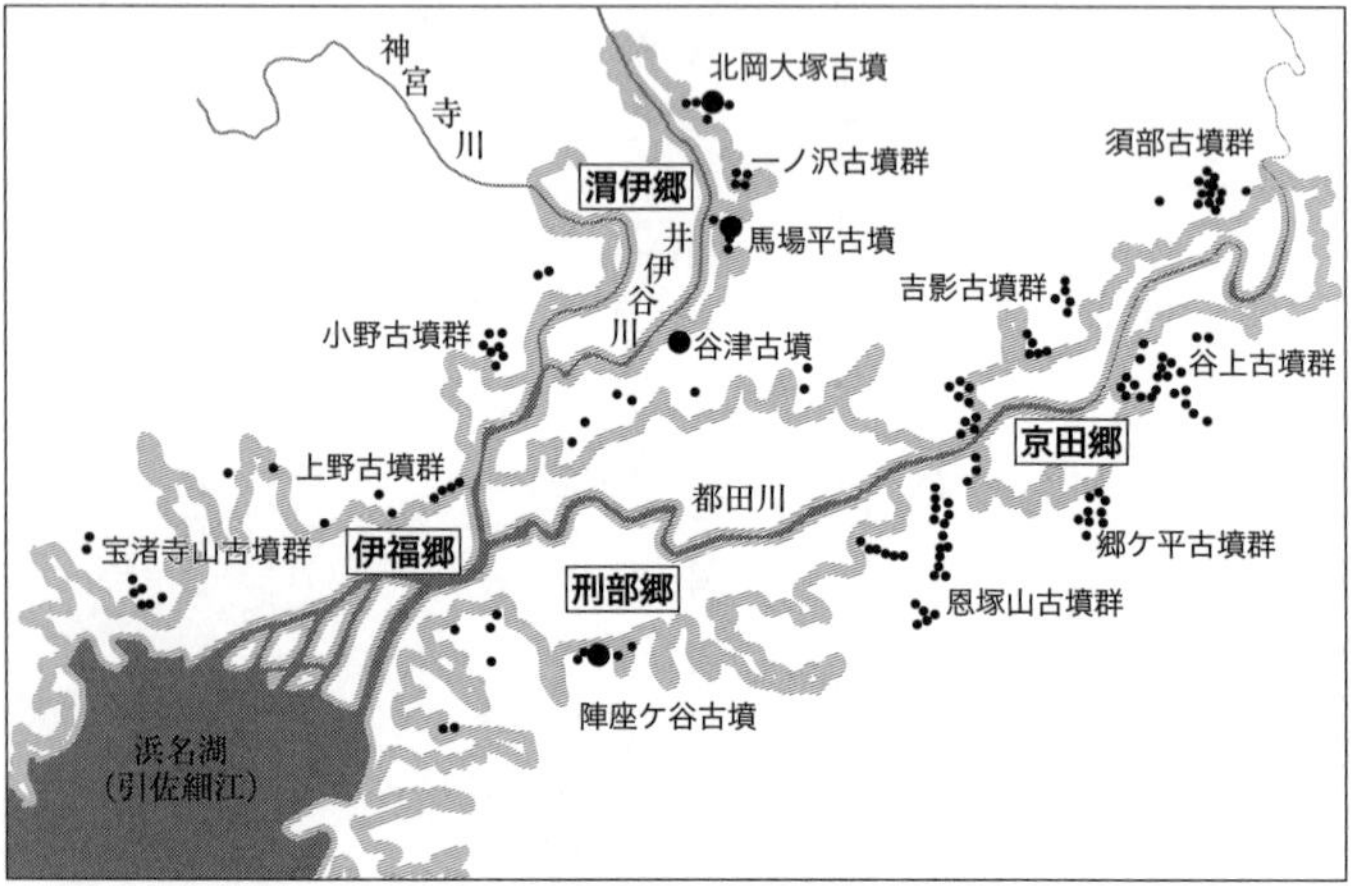

旧引佐郡四郷と主要古墳
都田川流域の小平野単位に郷が成立する

谷津古墳（大型円墳）→陣座ヶ谷古墳（前方後円墳）という単系首長墓の流れを明らかにした。それはすなわち「古墳時代前中期に井伊谷盆地を拠点とする安定した地域王権」（聖なる水の祀りと古代王権、三三頁、傍点山田）が存在したことを示していた。

井伊谷には八幡社もあった。江戸中期、龍潭寺の住職がまとめた井伊家伝記に、引佐郡井伊保にある八幡宮社前の神田の中に井があること（同、三九頁）、さらに井伊谷の兵藤家に残る古文書、当社御遷宮郷伝書にも、「八幡宮往古之社と申は万松山龍潭寺之境内也、……然る所享禄（一五二八～三二）天文（一五三二～五五）の初殿村之薬師山へ奉御遷座」とある（同、八二頁）。殿村之薬師山とは渭伊神社の今の所在地のことで、神社背後の薬師山の頂きに辰巳さんが発掘調査し先の書名にもなった天白磐座遺跡がある。すなわち龍潭寺境内にあった八幡社と、現在、井伊谷の小字地天白にある渭伊神社とは同じ神社で、一六世紀前半に遷座したことになる（同、八三頁）。渭伊神社の祭神は、玉依姫命〔神武母〕、品陀和気命〔応神〕、息長足姫命〔神功〕で、後二者はあきらかに八幡神である。八幡神は中世を切り開いた武士の棟梁、源頼朝が、石清水八幡宮を勧請して鎌倉に鶴岡八幡宮を創設したので、全国の武士が自領に八幡社を祀った。井伊氏もまた同じである。

渭伊神社前の細い急な坂を降りると、神宮寺川に設置された八幡堰がある。神宮寺川は、堰の辺りでは西から東流するが、やがて井伊氏居館跡や始祖伝承井や龍潭寺などを抱えこ

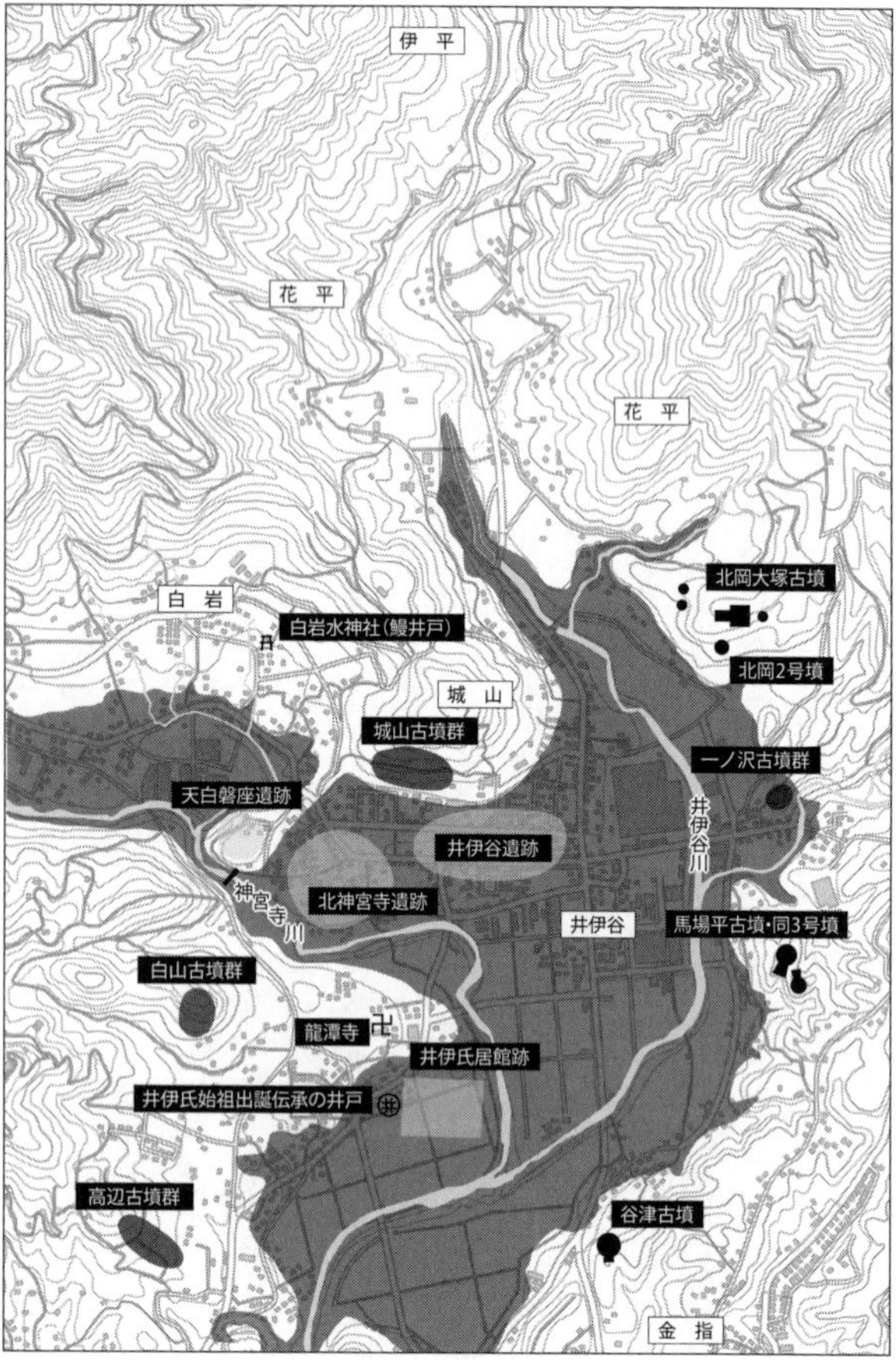
伊平
花平
花平
白岩
白岩水神社（鰻井戸）
北岡大塚古墳
北岡2号墳
城山
城山古墳群
一ノ沢古墳群
天白磐座遺跡
井伊谷川
井伊谷遺跡
神宮寺川
北神宮寺遺跡
井伊谷
馬場平古墳・同3号墳
白山古墳群
龍潭寺
井伊氏居館跡
井伊氏始祖出誕伝承の井戸
高辺古墳群
谷津古墳
金指

井伊谷の遺跡図

むように南流に転じている。八幡神宮と龍潭寺とは同じ場所にあったし、中世の神仏混淆では一体だったから、神宮寺が川の名になった、と思う。そしてこの川に八幡堰が造られ、堰き止めた水は「左右両岸に築かれた用水路を経て分水され、井伊谷盆地内の過半の水田を潤し」ている（同、七八頁）。まさに水分《みくまり》である。そしてこの地の字名は天白であり、その字名は天白社があったのでついたのである。

辰巳さんの本によりかかって、かつて素通りした井伊谷の歴史を見てきた。それなのに、肝心の天白磐座遺跡については一言もふれずにいる。辰巳さんとしては不本意かもしれない。しかし本の終わり近く、辰巳さんはこう書いている、——

天白磐座遺跡から式内社渭伊神社へという祭祀の継承をみいだすのは難しい。両者は性格を異にする祀り場と理解すべきだろう。近世初頭、渭伊神社（八幡宮）が薬師山の南麓へ遷座するにあたって、井伊氏が始祖以来、聖地と認識してきた磐座の存在が大きく作用したことは確かである。

前半の磐座と井の神とには祭祀の継承がみいだせない、性格のちがう祀り場だ、というのに賛成である。しかし後半、渭伊神社が現在地（字天白）に遷ったについては、磐座だけではなく、所在の天白社も作用した、と私は考える。

辰巳さんは、天白を「天白地区の産土神《うぶすながみ》」とし、「具体的な属性」はまだ分からぬが、「中世初頭までさかのぼる民間信仰とみられている」（同、五〇頁）、と三渡俊一郎・天白信仰の研究（一九八七年）によって記している。

私は天白神の起源を、神麻続機殿神社の祭神、天ノ白羽にもとめ、伊勢神宮のてんはくの歌、諏訪大社の天白神楽歌の呼応を軸にして、伊勢、三遠、信濃、駿河の天白圏ができた、と考えている。起源（始元）の伊勢では麻続氏祖神（麻苧神）だが分布した天白圏内の各地ではその必要に応じて多様な神格をつけ加え変容した。神は鋳型でつくったようにいつどこでも一様ではない。一様の神（たとえばアマテラス）は民との距離が遠い神である。天白は多様な神格を付加されて地域住民の神となったと私はみているが、いちばんの基本は治水・農耕の神である。

井伊谷の天白もまた治水・農耕の神だったから、井の神、渭伊神社も、水分《みくまり》の堰も、天白の字地にひっこしたり造られたりしたのである。天白を治水・農耕の神と言ったとき、私が治水の語で考えていたのは、堤を築いて洪水や水害といった異常な水を治《おさ》め、堰で貯めた水を、ゆるやかに水路で導き、おだやかに水田に流し入れ、流し出すシステムである。井伊谷の水分堰《みくまりぜき》が天白の字地に造られていたことは、天白＝治水・農耕神説を唱えた私に

天白磐座遺跡

滑伊神社本殿（上）
井伊谷の天白社（右）

とって、まことに天与の見本とでもいうべきものだった。

一九八五年、還暦を迎えたのを期に、私は日本書紀のこと以外をすべて捨てた。天白への関心も例外ではない。だから三渡・天白信仰の研究（一九八七年）を見ていない。しかし八二年に、この著の習作であろう三渡・謎の天白（一九八二年）が、贈られてきていて、これは見た。三渡さんは三つの点で私の説を批判していた。

1　山田宗睦氏は『道の神』で天白の起源を伊勢土着の麻績氏の祖神「天の白羽」にもとめ、七・八世紀麻績氏は伊勢から三河、伊那谷、諏訪、深志へと移動した。これにつれて天白神も北上したと言っているが、……天白が資料的に遡り得るのは鎌倉時代迄であって、七・八世紀とは考え難い（謎の天白、四〇頁上段）。

2　今井野菊氏は原始農業神として、山田宗睦氏は治水農耕の神として民間に広まったとしつつ天白は長の白羽神、即ち麻続氏の祖神だとしているが、この麻織の神が如何にして農業神に変身していったかを説明をしていない。麻織の神が祓神となる過程を省略している。語呂合わせをしているにすぎない（同、四五頁下段）。

伊勢・麻続神社と信濃・諏訪大社に、それぞれ天白神楽歌がある。神楽歌が書きとどめられたのは、（1）伊勢神宮文庫架蔵本の場合は寛文十年（一六七〇）癸酉仲春日である。他方、（2）諏訪明神の天白神楽歌の現存記録には、嘉禎三年（一二三七）丁酉十一月吉日の年月日がつく。諏訪の天白神楽は、大祝の即位式や御頭祭に、御帝戸屋《みかどや》神事での中立て祝詞《のっと》であるが、現存記録で古いものは、神長時実が記した建武二年（一三三五）乙亥二月九日、七歳の大祝頼継の即位である（今井野菊・大天白神、一九七一年、一三頁）。では、諏訪明神における神長、大祝は、建武二年以後の存在ということになるのかどうか。天白祭祀の記録が中世以後だから、天白が古代の八世紀に存在したはずがない。これが三渡流のきゅうくつな文献主義である。（1）を今井に伝えた伊勢外宮禰宜、鈴木義一が、神宮文庫架蔵本の天白神楽歌について、書写の「年代〔寛文十年〕はははっきり判るが、神楽歌がこの時作られたことを意味しないことは勿論である」としたのが、普通の考えである。私が、大祝・神長についての、考古学者藤森栄一・諏訪大社（一九六五年）の知見に従ったことは、何度も書いた。藤森は、「千曲川中流の更埴《こうしょく》地方の山上にある前方後円墳を第一波の前期」、「三州街道口の飯田市竜丘・川路の大地上の前方後円墳は、第二波の中期古墳」（以上、諏訪大社、一一頁）、第三波の古墳文化の「主座となる古墳は、天竜川中流御坂口の飯田市高岡古墳から、箕輪町王墓古墳をへて、そこでしばらく足踏み、やがて下諏訪町のこの諏訪大社秋宮の境内にある青塚古墳にまで波及してきたもようである」（同、一二～一三頁）、とみていた。神長「守矢」祭政は、フネ、狐塚古墳が示す五〜六世紀、これを征服してとって替わった大祝祭政は、八世紀秋宮の青塚古墳と重なっている（半世紀前の知見だから現在の古墳研究のレベルでどうなのか専門家の意見を知りたい）。

藤森さんは、考古学とはモノによる推理の学だと言っていた。モノとは大きな遺跡から小さな副葬品のかけらまでいろいろあるが、モノに語らせるのは人間の努力と経験である。天白の神事をともなう大祝祭政が諏訪に入ってきたのを、古墳による推理から、藤森さんは八世紀のこととした。

九〇歳になって、私は自分の日本書紀研究を出版することにした。前にも書いたが、この本の柱の一つが、アマテラスは持統三年（六八九）八月二日（日本書紀、岩波文庫版（五）、二五六頁）に誕生・公表され、同六年（六九二）三月に第一次伊勢神宮（続日本紀にいう多気大神宮）が竣工した、である。これを立証するのに紀の複雑な文献批判が必要だったが、それは省く。当面の天白に関わる点は、神麻続神社での内宮及荒祭宮への神衣奉進は、伊勢内宮が多気郡から度会郡へ遷移した文武二年（六九八）十二月二十九日（続日本紀）以後、すなわち八世紀に入ってからのこととなる、という一点である。そこからひいては麻続の神天ノ白羽もまた八世紀には出現していたことを、文献上でも証しうることになる。

諏訪の大祝・神長祭政体に替わったのが八世紀だとする藤森説に、文献の側からも支持できることになった。この人との交流がようやく落ち着いた感じで、私の心は潤むのである。また知らなかった井伊谷の天白も、辰巳さんの研究によって古墳時代以来の井伊谷史の相のもとに知りえた。この天白がいつ井伊谷に入ったのか知りたいと思うが、それを尋ねる時間はもう私の人生に残されてはいないようだ。

さて三渡さんの批判に答えよう。

第一点は、天白は資料をさかのぼっても鎌倉時代までで、とても七、八世紀とは考えられない、ということだった。〈天白紀行〉を書いたとき、アマテラス・伊勢神宮の成立は七世紀末だったという認識が、私にはなかった。この考えを公表したのは、二〇〇八年の「J・ロックのように日本書紀を読んだなら」（中部大学国際人間学研究所、アリーナ、第五号）である。それ故、〈天白紀行〉では、藤森説によって八世紀に天白が諏訪前宮にあらわれたことは書いたが、私自身の考証で天白が七、八世紀に起源したとは言えなかった。このため三渡さんに批判されることになったのだろうが、上述のように第一の批判には従えない。

また、麻績氏そのものが北勢の員弁へ移動した、とした点については、短絡的な書き方・考え方だったと反省している。「4 員弁」の追補に記したように、天白羽の後裔を称する江上家や、神麻続機殿で織る荒妙の原料、苧麻《からむし》を栽培した麻生《おう》田（もと麻苧田）の存在を考え直し、麻続郷は麻続氏のハレの仕事場の所在地で、一二〇匹の荒妙の原料を栽培した本拠地は員弁だった、と考え直した。麻続氏一族は、員弁で苧麻の栽培とともに、当然生活のためのイナ作にもはげんだ。だから天白神は、員弁で苧麻の栽培・麻続《おみ》の祖神と、イナ作にかかわる治水・農耕の神という二重の神格をすでにもっていた、と今は考えている。

古代史でさいしょの東国は、三関の東、伊賀・伊勢、美濃、尾張、三河、信濃である。天武が信濃に都の一つを置こうとし（日本書紀、岩波文庫版（五）、一九四頁）、持統が死の直前、太上天皇として大宝二年（七〇二）十月十日、伊賀、伊勢、美濃、尾張、三河まで行幸しているのは、七世紀末の壬申の乱以後から東日本の統一が、現実の日程として登場したことを示している。この史的な過程にそって、麻続氏の中から尾張、三河、伊那谷、諏訪へと移動するものが出た。麻績神社や地名が点々と残っている。諏訪の天白はその帰結であったろう。

むろん、各地の天白がみな古代中に移ったはずはない。三渡さんがいうように大部分は室町末期から江戸時代にかけて分布した。しかし諏訪へは確実に、古代のうちに到達していた。

三渡さんの批判第二は、「麻織の神が祓神となる過程を省略」した、である。祓神とは邪悪なもの障害になるものを祓《はら》う神のことで、私自身は天白の基本の神格を祓神とみなしたことはない。各地で天白神が変容し、災害（とくに水害）を祓うとか、変わったものでは耳だれ・歯痛・ところによってはジフテリアを治す神、安産の神などまことに多様である。とくに武蔵の天白が祓神の側面を強くしている。私は、天白神の起源と分布とはちがうこと（一五、二四九頁）、また天白信仰は他所にうつると地元の諸事情から姿、形、機能を変えること（五八頁）などを、ずい時指摘し、天白神を一つの型におしこむのを警戒してきた。だから二五八頁のまとめでも、いろいろの側面を列挙しつつ、治水・農耕の神格が主と述べたが、三渡さんは、私説を治水・農耕の神説と単一化して批判している。

そういえば巻末の「追補　天白一覧」に引用した美濃の天白について、三渡さんは、下宿の天白（地名）は墨俣の渡のあった所とか、安定のおてんばくさまは、太井戸渡の附近とか、記していた。これは彼が、私の治水・農耕説をはじめ諸説はみな説得的でないとし「筆者は詳細な立地状況（合祀前）を調査することが大切で、また局地観にとらわれず広い観点から考究しなければならないと考えている」（謎の天白、五頁）としたのを、実際に試みようとしたのだろうが、それにしては渡し二つと、伊勢街道通過地点（細野のテンバコ）一つで、美濃の天白（六例）をまとめ、「美濃の天白は古街道や渡し附近に存在する」としたのは、無理ではないか。

西三河天白でも同様である。「西三河の天白〔三〇例〕は平野部では低湿地に立地するものが多く、山間部にあっては山斜面に祀られている」という。だが低地帯二（宮地、上和田）、境川支流低地一（井ヶ谷）はあるが、低湿地はない。かわって乾田一（小山）、水田中六（市子、熱池、上永良、富田、福岡、八草）と田んぼの中が七カ所もある。イナ田を無視して低湿地、山斜面をあげたのは、「大雨が降れば、土砂と水が田畑を侵し災害をおこす」からで、とどのつまり「水難を祓う」祓神天白を出したかったかららしい。しかし上の様では、水難の祓神とするよりも、治水・農耕の神の方がまだしもいいのではないか。三渡さんこそ、立地状況を調査し、少数例で全体を押さえるような「局地観」にとらわれない見方をするべきだった。

右様をくりかえしても無意味なので、すべてとばし、彼の天白の謎解き（同、四七～四八頁）をみてみよう。三渡さんは両機殿勘例に、「宝徳年中〔一四四九～五二〕迄御神事無㆓相違㆒執行有㆑之、以後御神事段々令㆓廃絶㆒、二三百余年来一円其行事致㆓中絶㆒世」とあるのをひき、「神宮の衰頽のため荒妙の調達ができなくなったのである。この苦境を解決するため麻続氏は農民層を檀家とする外宮御師と結託し天白信仰を地方に流行させる策をとったのではなかろうか。以上が天白の本源に関する私の謎解きである」とした。悪くない。きゅうくつな文献主義者三渡さんが、さいごに、文献にない麻続・伊勢御師結託説を出したのだから。

伊勢御師は外宮が中心で、秀吉が朝鮮出兵した文禄年間（一五九二〜六）に外宮の御師はすでに一四五家、江戸の将軍が六代家宣・七代家継ごろの正徳年間（一七一一〜四）になると、じつに外宮五〇四家、内宮二四一家を数えた、という。これに目をつけたのは悪くない。だが、自社の札配りとちがい、伊勢詣でをすすめるのを主とした外宮中心の伊勢御師が、いま流にいうなら内宮の本社ならぬ支（摂）社群の一つにすぎぬ神麻続機殿神社のため、天白信仰を勧誘した可能性は低い。

老来専業の日本書紀に関わるから、さいごに三渡さんの第三の批判をとりあげる。「山田氏は天白は『古語拾遺』にしかでてこないと言っているが、これは誤りで『古語拾遺』には次の如く記している。長ノ白羽神　伊勢国麻続の祖、麻を種う。また『日本書紀　神代紀』には天白鷲神一子、長白羽神」（同、四一頁）。まず書紀の方から。天日鷲はたしかに紀に出るが、天白とはなんの関わりもない。また天日鷲であって天白鷲ではない（誤植であることを願っている）。ヒワシが出るのは二カ所で、巻第一、第七段・第三の一書に粟ノ国ノ忌部ノ遠祖、天ノ日鷲ノ所ノレ作ル木綿《ゆふ》、また、巻第二、第九段・第二の一書に、天日ノ鷲ノ神ヲ為《し》タ下作《つくり》二木綿《ゆふ》一者ト上。ヒワシの出身地は阿波国だしこれ以外、「神代紀」（括弧つき。この書き方が基本的に誤りであることは、わが紀伝をみよ）に、三渡さんのいう「天白鷲神一子、長白羽神」などない。

また、三渡さんがいうのは古語拾遺に出るのは長白羽神であって、天白羽神ではない、ということだろう。「天ノ白羽神＝長ノ白羽神とする根拠はまだ知りえない」（同、四一頁）と書いているから。それでいてすでにみたように、「伊勢には天白の祭神を天ノ白羽とする祠が多数あり」と一〇例をあげ、「麻続の祖神は長ノ白羽神、別名天ノ白羽神、天ノ物知命、天ノ八坂彦命といわれているので、天ノ白羽神＝天白＝麻続（麻生）の関連はあると考える」（四六頁上段）「以上の諸資料から推して天白は天ノ白羽神の略称であったと思う」（四六頁下段）という。腰が定まっていないのである。

私と三渡さんとの間にある違いは、史料がないとき歴史をどう見るのかという問題である。きゅうくつな文献主義といったように、三渡さんは文献になければないとしてはばからない。

ここに一枚の貨幣がある。これが私の手許にあるのは単純な事実である。そしてまたこの貨幣が、造幣局を出てから私の手許にくるまで、全国中を転々としてきたのは、いちいち文献に記録されていないが、容易に推理しうる事実である。前の事実は感覚的に確かめることができるし、後の事実は経験的に推論できる。手許にある貨幣とその通用した過程と、この二つは容易に確認できる事実だが、同じレベルの事実ではない。私はこの貨幣を大阪の喫茶店でつり銭にもらった。ここで単純な事実レベルはおわりである。ここから先、そう、それはたぶんだれかがコーヒー代に支払ったものだが、それ以前はもう具体的には分からない。私以前にこの貨幣を使用した男はひょっとすると東京から大阪にきた男で、その百円貨幣は、北海道からきた女が東京駅で帰りの切符代に払ったなかの一枚で、それが大阪への切符代のつり銭としてこの男の手に渡ったものだったのかもしれないし、あるいはひょっとすると、昨日当の男が新宿までの切符代に支払ったのがまたもどってきたものだったかもしれない。手許のつり銭にもらった貨幣という事実だけで、この貨幣の歴史は描けない。文献記録が中世までしかないから、天白あるいは天白信仰の歴史は中世以後のもので、古代にさかのぼることはできないのか。日本書紀に記録がないから古代の民の歴史は描けないのか。

もしもすべて単純な事実レベルだけで書いた歴史があるとしたら、その歴史は必ず寸断された、きれぎれの歴史カードの堆積としてしか、存在しえない。通した歴史というものは、かならず、あいまいな——あいまいというのは記録でおさええない、あるいは推論でしかなりたたないということだが——意味連関で支えられている。むしろ、あいまいな意味連関が歴史をなりたたせ、このあいまいさがとほうもない逸脱をしないように、（歴史の全体からみれば断片的な）事実というものがおもりとなっている、とみる方が正確であろう。

（2015年8月）

15　駿河

越後島・八坂神社に――境内社の天白神社

地図をひろげてみるがいい。浜松から静岡へ、国道一号がゆるく東北にのびている。これを底辺に、東南の方向へ御前崎がつき出した三角形がある。一五〇号は海岸沿いの二辺をまわっている。そしてこの三角形が、天白群の現存地東半なのである。三角形の東端を大井川が横切っている。これから書く駿河の天白は、この大井川以東にあたる。

じつは気になりながら、こんどの〈天白紀行〉で、探訪できなかったところがある。御前崎町（現御前崎市）の白羽にある白羽神社である。東遠江の天白三角形の頂点に位置している。もしこの白羽が天ノ白羽神とかかわりがあるなら、たいへん興ぶかいのだが、この近傍へ二度も出かけながら、天白社をさがすのに時間をとられ、訪ねなかった。

▼追補

二〇世紀に捨ててきた〈天白紀行〉が二一世紀に本になるというのに、不明のまま残すのがいやで、御前崎の白羽神社を訪ねた。天白とのかかわりは無かったが、祭神が、天津《あまつ》日高日子穂穂出見尊《ひこひこほほでみのみこと》、豊玉毘売命《とよたまびめのみこと》、玉依毘売命《たまよりびめのみこと》だった。公式に言えば、天孫ニニギの子ヒコホホデミが、兄の釣針をなくし、海神ワタツミの宮に行って、娘のトヨタマと結婚した。三年たって土《もとつくに》が懐しくなり、なくした釣針と二つの玉をもらって帰ってくる。釣針を返しても不服な兄を二つの玉の霊力で従わせたが、妊娠していたトヨタマが、別離のさいの約束どおりやってきて子を産んだ。産むときのぞくなというのにのぞいたため、陸と海とは永久に隔絶してしまったが、子を忘れられないトヨタマは、かわりに妹のタマヨリをよこして子を育てさせた、という日本書紀巻第二・第十段の話である。

右の叙述から、浦島太郎の物語を連想した方は、サルトル流にいえば、想像力《イマジナシオーン》の持主である。私的に言えば、右の話は原浦島物語である。私は子供のとき、浦島の絵本を愛読したが、長じてなぜ浦島は容れ物でしかない玉手箱をもらって帰ってきたのかとの疑問をもった。一六歳のとき旧制水戸高校に入り、古典研究部に加わり、古事記をテキスト、日本書紀を参考に、皆で自由に討論した。そしてヒコホホデミが玉手箱ではなく玉そのものをもらって帰ったと知り、積年の疑問をとくことができた。

御前崎白羽《しろわ》の白羽神社の祭神が、原浦島譚のヒコホホデミとトヨタマ・タマヨリの姉妹と分かって、いかにも御前崎にふさわしい神社だと思った。浦島子の話は、日本書紀、丹後国風土記逸文、万葉集、古事記などにあるが、場所については、紀、風土記は、日本海側つまり丹波国余社郡管（筒）川とするが、万葉集巻第九、一七四〇・四一歌は、太平洋側つまり摂津国墨江（住吉）と、二分している。御前崎市の白羽神社の祭神が、万葉歌の太平洋側説に沿っているのが興味ぶかい。例祭日は四月十日、十月十七日である。

遠江に白羽《しろは》は複数ある。風土記の「逸文」（つまり疑わしい）に遠江乃海辺相良乃白羽御（牧字脱カ）とあり、この白羽（は御前崎の白羽のようだが）に注（飯泉健司）がついている。それによると、万葉集巻第二十の四三二四歌に遠江白羽磯〔原、等倍多保美《とへたほみ》　志留波乃伊宗《しるはのいそ》〕とあり、別に延喜神名式の遠江国蓁原《ハイハラ》郡服織田《ハトリタ》神社は白羽神社だとする。また御前崎市から浜松市にかけて白羽の地名が残るとして、御前崎市白羽、磐田市〔実は竜洋町〕白羽、浜松市南区白羽町、同北区三ヶ日町白羽の四をあげている。四の内、竜洋町のをのぞいた三つは、万葉集四三二四歌の白羽の磯の候補地にあげられている。通説は御前崎白羽とするようだが、加藤静雄・万葉の歌―人と風土12東海（一九八六年）が三ヶ日の白羽にあてたのが、地誌的に蓋然性が高い。遠江になぜ白羽の地名がならぶのか。服織田神社がなぜ白羽神社なのか。宿題がさらに残った感じである。

大井川以東でさいしょにあるのは、志太郡（現藤枝市）潮村の天白社①である。いまこのあたりの天白を一覧すると、

②　天白神社　現焼津市越後島
③　天白社　同　八楠
④　天白社　同　焼津
⑤　天白社　同　小土
⑥　天白社　同　田尻

がある。焼津市内で瀬戸川と朝比奈川とが合流し、合流するとすぐ海に出る。右の天白六社は、この二つの川ぞいにある。⑥は少し南にはなれているが、⑤は瀬戸川の南、①②③は二つの川のあいだにある。③旧八楠《やぐす》村には社宮司もあり、①旧潮村の南の旧八幡村にも社宮司があった。④の旧焼津村の天白社は消えているようだし、⑤旧小土《こいじ》（こひじ）村の天白社も消えている。

八楠の現在の神社は加茂神社である。本殿の横に、瓦《かわら》ぶきの鞘堂《さやどう》を建て、そこに境内社七社をならべて納めてある。天皇社、白髯神社、座主神社、八坂神社、天満宮、蔵王権現、

左田神社の七つで、天白社はない。通りがかりの人に聞いてみたが、八楠にほかに神社はないし、天白というのは聞いたことがないという。

社のうしろはすぐ東名高速道路である。大型トラックがごう音をあげて通過していく。ひょっと気がつくと、社と東名とのあいだに、木立ごしに青、赤の屋根がみえる。ホテル八坂とある。地図でみると、焼津市から国道一号（東海道）へぬける道が、この神社横の道のもう一つ南を通っている。そうするとこのモーテルもしかるべき位置にあるのだろうが、境内社の八坂神社はイキな神さんだから、ホテル八坂とは名付けたものである。

越後島の氏神さんは、まさにその八坂神社である。東名をはさんで八楠の西北にある。入るとすぐ右に「八坂神社史碑」があり、由来が刻まれている。寛永元年（一六二四）愛知県の津島神社を勧請し、本宮社同様に牛頭天王社ともいった（石高二石）。

国土開発、防災招福の神として尊崇されてきたが、明治八年二月村社となり、祭神がスサノオということになった。近くの社を合祀《ごうし》して、境内社としているという。

拝殿をまわると、天和三年（一六八三）建立の本殿を、昭和四十七年十月に建てた外本殿でおおっている。その向かって左に境内社の鞘堂があり、本殿の方から、御岳神社、天白神社、西宮神社、山梨神社、八王子神社とならんでいる。ここでは天白社は無事、境内社として残っていたのである。

社地にはもと樹齢五〇〇年の大老松の杜《もり》があったが、昭和四十一年の大暴風雨で倒れたという。拝殿の前に一本、巨大な楠《くすのき》があるのは、ながらえたものであろうか。切断面がヒヨウタン状になる。ともあれ天白社は残った。

潮の天白社はたぶん残っていると思うが、時間の都合で訪ねなかった。

（昭和52年3月10日）

山間部にかくれた通路――川筋ぞいの天白信仰

潮の天白社を割愛して、丸子宿の天白をめざしたのは、結果的にまずかったと思う。広重の浮世絵で有名な鞠子宿の先に、丸子元宿《もとじゅく》（現静岡市駿河区）がある。ここに天白神社①があることは駿河志料にみえているのだが、どうやら個人の祝神のようで、数人に聞いたが、きいたことがない、という。東海道丸子の宿にひきずられて、こちらをめざしたのが裏目になったようである。

東海道ぞいに、天白社がならんでいたようで、この丸子元宿を皮切りに、

② 天白社　　現静岡市駿河区鎌田

③ 天白社　　同　同　曲金

④　天白社　　同　同　栗原
⑤　天白大王社　同　清水区長崎

また、安倍川が駿河湾に入る右岸の浜辺に、

⑥　天白神社　　現静岡市駿河区用宗・石部浜

があった。

　わたしは丸子宿の名物とろろ汁の茶屋、丸子丁字屋（この名は、持ち歩いた野菊さんの大天白神の表紙裏に押した店のスタンプに残っていた）の前で考えた。この東海道ぞいの天白はたぶん、静岡市街の発展とともに、行方をさがすのがたいへんなほど、合祀《ごうし》、移動しているのではないか。いや存外残っているのかもしれない。わたしは結局、海道筋の天白には再訪を期して、山間部の天白をめざすことにした。

⑦　天白社　現静岡市葵区富沢
⑧　天白社　　同　同　腰越

この二つである。⑦は安倍川支流、藁科川の上流にあり、⑧は安倍川上流の支流、西河内川ぞいにある。

富沢《とんざわ》の天白をめざしていくと、千頭《せんず》行きのバスを追いこした。千頭は大井川の上流、寸《す》又《また》峡の入り口である。また腰越の天白をめざして行くと、井川行きのバスを追いこした。井川は、寸又峡よりまだ奥、大井川をせきとめた井川ダムがありまた接阻《せっそ》峡がある。

わたしは遠江の天白を、海岸よりの三角形地域に訪ねたが、じつは山間部にもわずかだがある。あらためて追加すると、天竜川の支流気田川ぞいの、周智郡春野町に

① 天白　旧三沢村三沢ケ谷（現菊川市）
② 天白　旧大日村前田（現吉田町）
③ 天白　旧領家村泉沢（現浜松市天竜区）
④ 天白　旧杉村市ノ島（　同　）

と四つある。先に遠江の天白の箇所で、豊岡村（現磐田市）を頂点とし、天竜川河口の竜洋町（同）とその東の太田川河口の福田町（同）とを底辺にした、細長い三角形の天竜川氾濫原の天白をみておいた。その頂点の豊岡村の北が天竜市（現浜松市天竜区）である。

天竜市の南で国道一五二号から国道三六二号が分かれ、天竜市の北で天竜川から支流気田川が分かれ、すぐに三六二号と気田川が合体する。その合体するところが③の天白がある春野町の領家である。三六二号が領家から④の天白がある杉へと気田川をさかのぼって峠をこえると、大井川流域の千頭《せんず》である。三六二号はさらに、その千頭をこえて藁科川流域の富沢《とんざわ》に出るわけである。このように、遠江の山間部に天白のかくれた通路をたどることができるのである。

むろん天竜川、大井川、安倍川と、海岸部からさかのぼって、天白信仰が入っていったとみる方が当たっていようが、これらの河川の上流をまた横につなぐ通路も、たしかにあったのである。

富沢の天白は、いまはない。もと富沢字青ノ木にあった。そこに長野錦太郎さんの家がある。明治四十二年二月二十日生まれだ、という。私の出生の月日は、一日ちがいの二月二十一日である。長野さんは、自宅裏の山をさしながら、あそこに天白さんの祠《ほこら》があったが、いまは氏神の日熊神社に合祀し、その秋祭りには、自分はかかさずお詣《まい》りに行く、と話してくれた。

背後の小山は天神山というらしい。したがって、長野さんのお宅の横の平地を天神前ともいうが、富沢の入り口で聞いた老婆の話では、長野さんのところ一帯を、いまでも天白とよぶようである。天神山は藁科川ぞいにのぞんでおり、見上げると山頂にシイと杉の木がある。天白祠はその下にあったという。もとはもっと大きい木があり、そのひとかかえの木を伐った人があったが、その人は行方知らずになってな、と長野さんは話してくれた。ここでも天白は祟《たた》る神だった。

地形からみると、この天白は藁科川の流れをのぞみ見るところにおかれていたのである。

（昭和52年3月11日）

腰越の作米八石八斗 —— 茶畑のテンバコさん

安倍川をさかのぼって、油島から橋をわたって、支流の西河内川の方へ入る。この橋を玉機橋《たまはた》という。腰越（現静岡市葵区）はここから五、六キロ上流にある。

駿府二加番だった阿倍正信の著した駿国雑志（天保十四年—一八四三）によると、腰越村は「服織庄、郷名知れず。一村の高、八石八斗二升七合九夕也。風土記云。安弁郡菅沼、公穀五百二十束、仮粟二百六十九。菅沼神社、所レ祭二糟垣大神一也。依二豊桜彦天皇三年丙寅御祈一也。云云。即此地也。当村の上村に菅沼と字する所あり、以て考るに、腰越は、往昔の菅沼成るべし」

腰越、一村の米作の石高が、八石八斗というのは、いかにも少ない。こころみに、これまで探訪してきた駿河の天白所在の村の石高をみてみると、

小土村	九二三石三斗七升五合
潮村	二五二石二斗八升二合
八楠村	八〇二石一斗四升九合
越後島村	六九〇石一斗九升五合
焼津村	九六八石七斗六升六合

また藁科川ぞいの富沢ですら

富沢村	二二二石八斗八升七合六夕

となっている。これらにくらべて腰越の八石八斗は、ほとんど米作がないといっていいくらいである。

そうすると遠江から駿河の富沢まで、天白は米作地に所在したのに、腰越ではいくらか

ちがったおもむきがでてくるように、思える。

そんなことを考えながら行くと、腰越は名のとおり、西河内川にはりだした天狗山の山裾《すそ》にあり、道はこの上に上りそして下っていくことになる。

村の入り口のお宅で聞くと、三十代ぐらいの男性が「ああ、テンバコな、えー」といいながら、近くの母にたしかめにいき、所在を教えてくれた。

村はずれをさらに道が北上しいちど川にはりだした崖《がけ》につきあたって、こんどはぐるっと西の方を迂廻《うかい》していくことになる。その突き当たりの崖の先から見下ろすと、西河内川がこちらに頂点をみせてぐるっと曲流している。この曲流に囲まれた対岸が半円形に茶畑になっている。そこがテンバコなのである。いまは祠《ほこら》もない。

芭蕉の、駿河路や花たちばなも茶の匂ひ、の句は有名だが、この茶は鎌倉期から駿河にひろがりだした。江戸幕府ができると、山間で茶を栽培する村がふえた。代表は先にふれた井川村（現静岡市葵区）である。そして元禄年間（一六八八～一七〇三）までに、富沢村でも、金子《きんす》借用証文の返済期日が、大晦日《おおみそか》から五月晦日にきりかわっている。米作ではなく茶の出荷が目安になったのである。井川と富沢の中間にある腰越村も茶生産の村であった。

わたしはこの茶の村の天白を見下ろしていた。ギリシャの古代円形劇場の遺跡を想起してほしい。テンバコの茶畑を舞台とみると、川の西岸はこの舞台をぐるっと円形に見下ろす観客席のようにみえる。そこも一面の茶畑である。そしてこの円形茶畑とその上は天狗山の斜面である。

天狗と天白は山間でしばしば同類視された。その山間の村ではや陽《ひ》がかげってきたが、わたしの耳目には、テンバコ舞台に舞う天白神と、それを囲む茶畑の人と精霊とが唱和してどっと笑う形姿や声が、ひびいてきた。颯《さっ》と渡って風がいく。

清水市を北に出はずれ、清見寺の手前を北の山中に入っていくと、茂畑（現清水市清水区）である。ここにも天白社①があった。石高は一二三石ほどである。ここも波多打川にそっていて、斜面はほとんど茶畑である。このあたりほかにも

② 天白大王社　牛ケ谷村（現清水市清水区）

があった。茶畑のあいだの道をぬけ、但沼から国道五二号に出て、富士川をさかのぼることにした。自動車の振動で、からからと小石がおちてくるような道である。ようやくぬけて五二号を快適に走っていくと、富士見峠で、正面に富士がのっと上半身を見せてきた。

（昭和52年3月12日）

16　富士のすそ野

やっと捜し当てた天白祠 ―― 合祀でほとんど消滅

富士山の周辺に五つの天白が知られている。

①　天白明神　山梨県巨摩郡中郡筋紙漉村（現中巨摩郡昭和町）御朱印二石九斗二升
社地百八十坪
②　天白明神　同　巨摩郡西筋宮沢村（現南アルプス市）御朱印一石
③　天白大王社　静岡県富士市柚木
④　天白社　同　駿東郡小山町湯船
⑤　天獏魔王社　神奈川県足柄上郡山北町世附

この五つを訪ねて、富士山麓《さんろく》を西北、西南、東とまわった。晴れた日でどこからでも富士はみえた。方角によって富士の姿のちがうのがよくわかった。

山梨の天白は、どこからきたのか。二つ考えられる。一つは諏訪からくだってきた。二つに富士川をさかのぼってきた。

諏訪からと考えると、八ケ岳西南麓（長野県）甲州街道――同じ道が山梨県側では信州往還になる――の端に、机（富士見町）がある。すぐ前の釜無川の向うは山梨県である。ここも道祖神を訪ねて二度ほど来たが、この富士見町机に大天伯社がある。甲州街道（国道二〇号）の机入り口のバス停から山側に上る。そのいちばん奥に、中山藤憲氏宅がある。机の天白はこの中山氏の祝殿である。

家の裏の水田を一枚、一枚上って、田のつきたところをさらに一段上って山の端の、小さな森の中にある。杉、松、モミ、サワグルミに囲まれ、石祠《せきし》と「天白大明神」と刻んだ石碑が、並んでいる。木の鳥居に「大願成就・天白大明神」と書いた白い幟《のぼり》がかかっていた。

この机から②の宮沢まで五〇キロほどある。他方③柚木《ゆのき》から①宮原まで七〇キロほどある。

①の天白明神は、宮原八幡宮の神主が兼任していた、とある。それで宮原を訪ねたが、八幡宮は八坂神社に合祀され、神主はいない。天白は消えてしまったのである。境内わきに摩滅した双体道祖神があった。

②宮沢は、古く天白明神七五社ありしをここに一座とし「宮沢」とよぶ、とある（今井・大天白神、三七頁、甲斐国資料）。「8 諏訪」で、今井野菊さん身近の横内四天白の中で、④天白七五三社（祭神ヤツカオ）を見ておいた。宮沢の天白明神七五社は、すなわち、諏訪から甲州街道・机の天白をへて伝わってきたとみなされる。七五社を古クハ天白明神「七十五社」アリシヲ一座トシ「宮沢」ト呼ブ、とするが、私は七五三《しめ》社が分からずに七五社になったとみる。ともあれ行ってみた。釜無・笛吹川の合流点、つまり富士川の始発点をのぞむ山陵の上にある村である。斜面に桑畑がひらかれ、山神の小祠もあった。天白はきいたことがない、という。村の氏神は「天王明神天神社」という。いくつか合祀した名だが、このうち「天王」が「天白天王」（例えば掛川市初馬のは天白天王という）だったのかどうか、わからない。山梨の天白は、こうして行方知れずになってしまった。

天白のないのをうめるように、三沢、車田、切房木、道、古関と双体道祖神があった。国道三〇〇号を抜けて本栖湖へ出た。中之倉トンネルの出口にちかく雪化粧の富士がとびこんできて、びっくりした。それから富士宮有料道路をとばして、いっきに富士市に行った。③柚木の天白をさがしたのだが、これも不明におわった。

この日はすべて訪ねあてられず、富士の周辺から天白は姿を消したかと思われた。

翌日も快晴、大仁ホテルから富士がよく見えた。黄砂で下はかすみ、上部がくっきりしている。伊豆スカイライン、芦ノ湖スカイラインをのりついで、いっきに御殿場へ出た。ここから④小山町湯船の天白まですぐである。

在ることを願った。そうでないと、富士山周辺に一つも天白がないことになる。湯船の入り口のお宅できくと、聞いたことがない、という。奥まで行こうと入っていくと、中ほどに摩滅した双体道祖神がある。天白にみちびいてくれるよう祈った。

その先のお宅へ入ってきくと、出てきた嫁さんは知らなかったが、奥のお爺《じい》ちゃんがあの家できけと、指示してくれた。

前田広吉さんのお宅である。とびこむと奥さんの君枝さんが「うちの守り神です」という。安堵《あんど》が先立ってきた。一息ついてお話をきく。もともとは、いまの前田家の前の別家の物置の地にあった。竹薮《たけやぶ》でタタミ二畳ほどの大銀杏《いちょう》の下に祠があった。いまの前田家は、新築の立派なものだが、いちど零落して、土地を売り、天白祠をたのんで他人の山地においた。いまは同家の奥の小高い斜面、柿《かき》の木の下に鞘堂をつくって、納められている。

君枝さんは、労をねぎらってお茶をふるまってくれたが、わたしには天白の茶のような気がした。

（昭和52年3月15日）

▼追補

〈天白紀行〉は、静岡県小山市湯船の前田家の天白で打ち留めにしてある。四〇年前、前田君枝さんからふるまわれた茶を喫しながら、山梨や、富士山周辺に消えかかった天白が、前田家祝神の天白で生き返ったのに安堵しながら、中日新聞の連載なのだから中部地方で終わりにしよう、とも思いはじめていた。駿河小山は御殿場線（そもそもの東海道線）の静岡県側さいごの駅で、次の谷峨《やが》駅は神奈川県である。

長野、山梨、静岡を東限に天白圏を切ると、東の外に残る天白は、新潟一、埼玉一七、神奈川四、山形一、岩手一にすぎない。

柳田国男が天白を初めて紹介したとき、まず「関東の天白社」と書き、天来風伯神、天縛地福権現といった名をあげ、ついで「分布のひろい神」と気付いてもなお「風の神か」とした。思うに柳田がさいしょに天白の名を聞いたのは関東（実質埼玉県）で、だから分布がひろい神と知っても、たとえば埼玉のテンバクがもっていた風の神（熊谷市三ヶ尻の大電八公《だいでんばく》、二六八頁の「武蔵の天白」リスト③）か、と言ったのだろう。

たしかに伊勢神宮—諏訪大社を中軸とする伊勢、三河、遠江、信濃に分布が濃密な天白圏と、その圏外の武蔵のテンバクとでは、ちがいがある。

まずは呼び名がちがう、天白圏ではおおむねテンパクだが、武蔵ではテンバク、テンバコである。むろん天白圏でもすべてがテンパクではなく、たとえば遠江ですでにテンバコが出る。訓みと同じく書き方にもちがいがある。天白圏ではおおむね天白、天伯だが、武蔵・相模ではおおむね天獏、天縛。むろん三河で天獏、伊勢、尾張、遠江で天馬駒が出ている。

訓みや表記だけではない。神格のちがいがある。割り切った言い方をすれば、天白圏での天白は、起源の麻続の神、治水・農耕の神を始元として、天白圏各地で、それぞれの在地の必要・祈願に応じて変容したが、基本の治水・農耕の神格が失われることはなかった。しかし圏外の武蔵では、いわゆる祓神に神格が変わっている。風の神を祓う神がいつのまにか風の神となり、カゼはカゼでも風邪を祓う神、ジフテリアを祓う神、難産を祓う安産の神。

したがって「関東の天白社」から入るのと、イセ・スワの「てんはくのうた」から入るのとでは、天白観にちがいがでるし、また天白圏の中でも、尾張・三河あるいは信濃と密な分布から入るのと、伊勢神宮の神麻続機殿神社の天白から入るのとでは、天白という歴史現象をどうみるのか、かなりのちがいが出ると思う。つまりは天白を起源から見るのと分布から見るのとでは、かなりのちがいが出る。〈天白紀行〉では、起源と分布とを区別するよう注意してきた。四〇年たって本にまとめることになり、補筆を加えながら、いろいろ考えた。そして、起源と分布とどちらにウエイトをおいて天白を見るかは、天白という消えゆく神（歴史現象）を解明する上で方法論のちがいになると気がついた。

17 まとめ

読者の教示に感謝する――忘れられた神に関心

一月の下旬、四国に用があり、全日空の松山行きにのった。この日は、富士山の北側のコースをとんだ。寒気団が南下し、寒い冬がつづいたが、この日はめずらしく快晴で、北は立山、白山まで見とおせた。

甲府盆地が眼下に見えると、まもなく釜無川から千曲川へ抜ける谷筋が、八ケ岳とともに見えてくる。谷筋のつき当たりが浅間山である。そう、あそこが佐久の天白だ。

つぎに信州往還の谷筋がみえ、つき当たりに平べったい小さな白い空間がみえる。諏訪湖だ。凍っているのである。そういえば、湖面の氷がもり上がる御神渡りが、数日前報ぜられていた。さすがにそれは見えない距離である。

南アルプスの、たぶん塩見岳のあたりをよぎると、天竜の谷筋がみえだす。伊那谷の天白をなぞるように、南から北へ視線を走らせていく。つき当たりにやはり諏訪湖があり、その先に松本平がひらけ、北アルプスの壁に槍ヶ岳の姿もみえる。

松本平の先の方、犀峡地域へ千曲川がよっていくのがみえる。わたしは心中につぶやく。中部日本の幾筋もの天白の帯が見えている、と。

二日後、帰りのコースは、京都から浜名湖、大島を結ぶ線上をとぶ。こんどは意図して右側の席をとった。この日は日本海側は雲におおわれていたが、太平洋側は晴れ。伊勢、志摩、まで見える。三河の天白。遠江三角形の天白。御前崎に白い波がうちよせている。

わたしの〈天白紀行〉も、そろそろおわりである。書きのこしたことも多いが、連載中多くの懇篤なご教示をいただいた。ここで岡崎以西の分にふれて感謝にかえたい。

名古屋市の天白川および「天白」区のことを第一回に書き、そこに天白神社はなかったと書いた。これについて三人の方が書を寄せられた。名城大学郷土研究会の渡会龍一さんは、かつて「旧天白村」を調べた結果、天白ノ社は「旧天白村」になく、現南区の笠寺にあったのだが、明治になって現緑区鳴海町乙子山の成海神社に合祀《ごうし》されたことがわかった、と知らせてくれた。

愛知郡日進町（現日進市）の蟹江鉄五郎さんも、成海神社に合祀された天白社は、乙子山の前は山王山にあり、その前は（東海道が天白川を渡る）鳴海町の天白橋近くの河床に近い所にあった、とされ、さらに、この天白川河床の天白明神は、上流の赤池の「オシャクジボタ」（昭和五十年の耕地整理で消失）のオシャクジ様が、洪水で流れたのを、下流の鳴海でひろって祀《まつ》った、という（弘化三年生まれの祖父が語った）話にあたるものではないか、とされている。

名古屋市天白区役所につとめる、市民詩集の会の山田寂雀さんも、成海神社へ合祀のこととともに、他に

① 天白社　豊明市沓掛

② 天白社　知多市八幡中島（祭神ハヤアキツヒメ）

の所在をお知らせいただいた。

知多郡東浦町教育長梶川武さんは、同町緒川字天白に育ち、のちまたここに住んでいるが、この地名への関心から発してまとめられた自著・東浦地名考を、恵与された。それには、天保年間の緒川村絵図の天白のところに、松と⛩が書かれていて、③天白社の所在がわかる（いまも松林はある）、と書いている。

この本で梶川さんも書いている知多郡阿久比町板山の山本栄一さんは、津田正生・尾張

地名考に、「天白地蔵、板山村にあり」とあるが、この④「天馬駒明神祠」はいまもあって、民俗に関心をもつ宮尾しげをも写生している、と知らせてくれた。「夫婦の性生活は祈りと同一と説いて」「ヤマモト・エッチの綽名《あだな》」がついた、という山本さん、お説にまったく賛成である。天白という忘れられた神のために、お互い力を合わせたいものである。

（昭和52年3月16日）

志摩・五知からの便り――やはり庚申様が天白

読者のお便りの紹介をつづけたい。

四日市からの三通と、名古屋市からの一通が関連している。

日永一丁目の山下一良さんは、一月二十一日掲載の渡辺昌明さんの日永の天白橋の絵にふれ、その右岸川岸に①「お天白さんと呼ばれた社」があったが、明治四十年ごろ、「大宮様〔神社?〕」へ合祀されたと、書いてこられた。

小杉町の市岡喜兵衛さんは、②三重県菰野町大字杉谷に天白神社があったが、合祀されて、いまは社蹟《しゃせき》だけが残っている、と知らせてくれた。名古屋市千種区の柳田光次さんは、菰野町の鵜河原神社（もと宇賀原神社）に明治初年合祀されたなかに、「天白羽神」があると、知らせてくれた。この「天白羽神」が、市岡さんのいう杉谷の天白神社の祭神なのかどうか、こんごたしかめたい。

四日市・高花平の芦田政雄さんは、日永の天白橋のかかる天白川の水源が、鈴鹿山系の釜ケ嶽（鎌ケ岳）であること、この釜ケ嶽に関する諸種の文献を抄記したのち、③鎌ケ谷（谷は嶽の誤りという）に鎮座する天白社の祭神、天真名鶴命《アマノマナヅル》は、伊勢津彦の「祖または支配者」だ、としている。このことは後考にまちたいが、「鎌ケ谷」の天白社の所在をまず知りたいものである。

豊田市の冨永正さんは、員弁の三狐子《さんこじ》川の呼び方（六〇頁）は、サゴジ川でないか、と書いてきた。お説のとおりでここに訂正しておきたい。

岐阜県に天白がないのが不審であった。かつて道祖神を調べたときも、岐阜県に三、四しかないのをいぶかしく思った。

同県可児町（現可児市）の金子亀遊さんが、「私のところにも子供のころからおてんぱくさまといっている土地があり、明治の終わりか、大正の初めころまでは森があって、その中に小さなほこらがありましたが、今では開墾されて畑となり、その社はうつされたようである」と知らせてくれたのは、うれしかった。「可児町土田字定安《さだやす》三三九二―三」が④天白社蹟地のようだ、とも付記してある。うつされた先を知りたいものである。

また土岐市の土屋勇一さんからも、自分の住む集落（鶴里町細野）にも、⑤テンパコとよぶところがあり、「土地台帳などには記載されぬ地名で、東西に長い集落の中央に、南から北にツキ出した丘状の山林（樹木のあまり良く育たぬ土地です）の一部分の名称」だと、お便りがあった。

つぎに志摩からの便り三通にふれよう。

五四頁で五知の天白をさがし当てなかったと書き、ここは庚申様もきちんと保存されている、とも書いた。懐かしい伊藤保さんからお便りがあり、その庚申さんのあった林が天白だった、と歯ぎしりせんばかりに書いてある。

直観的にわたしもそう思い、伊藤さんのいう榎《えのき》の株にはさみこまれた大石（この上にあった祠は伊勢湾台風でとんでしまった）と、供物をのせる樹前の平石とを、カラー写真にとっている。伊藤さんも、ご自分のカラー写真三葉を同封してくださった。しかし通りすがりの老婆にきいても、天白ではない、天白とは聞いたことがない、というので半信半疑のままになり、あのように書いたのである。伊藤さんにおわびとお礼を申し上げる。

伊藤さんも書いている五知の郷土史家中野順蔵さんからも、その志摩五知郷土誌の原稿を貸していただいた。その中に「天白の森」という一項がある。これと、伊藤さんがこの森の地主（筋向かいの東タバコ店）のおばあさんからきいた話では、毎年四月三日を祭日に、おじいさんが生きているうちは自分で幣を作って祭ったこと、また秋のとり入れでは刈り取った稲束を一把《わ》ずつ残し、それをおばあさんが集めて、春の祭りの御料にしたという。

いまはそういうこともなくなり、また残った庚申さん（前の道を庚申坂という）に名をとられ、村人でも天白を知る人は少なくなっているという。わたしの聞いた老婆もそうだったのであろう。


（昭和52年3月17日）

再認識の一里標にと——起源は麻績氏の祖神

わたしの〈天白紀行〉を通読して、天白という神のこと、この神をなかだちにした中部日本のある歴史の現象が、わかったであろうか。

くりかえすことになるが、天白は風神かとの柳田国男の直観は、当たっていない。星神とする柳田系の説、十二山の神からくるとの堀田吉雄説、戸隠修験からくるとの和歌森太郎説、いずれもある時期、ある土地に部分的にみられた現象で、天白のすべてをおうことはできない。

これに対し、わたしの説は、天白の起源を伊勢土着の麻績氏の祖神で機織りの神だった天ノ白羽にもとめる。起源はそうだが、同時に苧麻を栽培した北勢の員弁の地で、天白は治水農耕の神でもあった。

天皇王朝が、七世紀末の天武・持統期に東日本の統一に着手するにつれて、伊勢・信濃は東国への前進基地の役割をもたされた。東海道、東山道から信濃、関東へ。これにつれて、麻続氏や員弁氏が、伊勢から三河、伊那谷、諏訪へと移動した。これにつれて天白神も北上し、諏訪神社の前宮の即位式にあらわれることになる。

この移動につれて、三河ではセオリツヒメ、水神、伊那谷では水と機織りの複合としてのナハタヒメ（棚機）といった性格をもつ。星へのつながりもできる。起源とその後の神格の変化は、べつなのである。

中世、妙見信仰ともからんで武士の間に、星神天白（道場）の信仰も生じた。三河、松本市、遠江にこの武士的天白の残存があった。

しかし大部分の天白は、治水農耕の神として民間にひろまった。

そして犀峡地域で、特殊に、火伏せ、治水、農耕にくいいろうとした戸隠修験道と並行して、治水農耕の天白神が、村持ちないし個人持ちとして、おびただしく信仰された。

わたしが遠江の天白三角地とみなす、あの天白群も、二、三、武士の勧請《かんじょう》のほかは、新田開発ともからむ農耕治水の神である。近世の天白は多様で、基本は治水農耕だが、一統一家の幸せや絆の祝神として、安産の神、治癒神と多様なニーズにこたえている。

ただ天白は、記紀神統譜にでてこない。古語拾遺にしかでてこない。そこで江戸時代という太平で、したがって学問にも正統性が重んぜられた時代に、すでに忘れられていく。集落、個人の氏神（祝殿）となっても、惣村の社（村社）・総鎮守にはなりにくくなる。いまものこる数少ない「村社」をのぞいて、天白社は低位の神社となっていく（ことさら記しておいたように、浜松市入野の天白神社は近代でも十四級の位しかもたない）。

江戸時代、天白社は個人の祝殿として普及しつつ（犀峡地区がその例で、元禄の社数にくらべ現存が二倍になっている）、他方では、正統の神社ではなくなり（田畑神社への改変もその一例である）、これが明治政府の神社政策でいっそうはげしくなる（合祀にさいして天白神社の名をのこしたものはほとんどない）。これが〈天白紀行〉の「論旨」である。

わたしが欲ばって、なるだけ多くの天白所在を列挙しようとしたり、あれこれの歴史をおしこんだりしたため、文章がふくらまず読みにくくなってしまった。しかし〈天白〉について、五〇回、二〇〇枚の文章が書かれたのは、これがはじめてである。忘れられていく天白のために、この〈天白紀行〉が、再認識の一里標となることを、わたしは願っている。

四国往復の機上から、わたしは自分が再訪あるいは初訪して歩いた天白の筋道を、一望した。去年、一九七一年の夏と、今年、一九七二年の二月下旬、あの谷、この道筋をたどった。その間、天白所在地の人びとと言葉をかわし、また天白に関心をもつ人びとから来信をえたことは、私の長い生涯の中でも、なんとしても忘れがたい。

それらの来信のうち、天白神の性格についてふれたものが何通かある。さいごに、それを紹介して、こんごの天白研究に役立てたいと思う。


（昭和52年3月18日）

天白さんのイメージ――追う者にだけ見える

名古屋市昭和区の天白久弥さんは、こう書いてこられた。若いころ、五十鈴川へミソギにきた国士から、天白の字源的な解釈をきいた。天白とは、日が中天に上ること（↑◉＝―◉＝白）で、つぎに「天に日輪が赫々と昇るところの王」という意味で「天皇」（天白＋王）という、と。このような、天白さんご自身も書いているように「当時の国粋主義者」の恣《し》意《い》的な文字のいたずらには、なんの根拠もない。白川静・漢字の世界がいうように、白の字は「西方の色なり」（説文）である。漢字を作った漢民族は、四方の蛮族とその蛮神をおそれた。だから西方の色とは、西方の蛮族の色である。字としては入と二の合字で、↑◉とはなんの関係もない。

天白久弥さんは、伊勢の出としか書いていないが、天白姓の人は、大王町波切の出自のはずである。波切の「天白神」という名で来信した人がいる。評論家という職業をしていると、しばしば匿名の来信をうける。わたしは住所・氏名を明記したものしか見ないことにしている。が、天白にかかわるのでこれは例外としよう。

この人は、波切の天白姓は、明治の皆姓のとき、字地の東・中・西天白在住者が、その字地の名をとって多くつけたもので、「波切の天白姓は天白神と直接つながってい」ず、天白姓は「天白神を信奉した末裔」ではない、という。それはそうだ（天白の末裔は麻績氏である）が、字地名の天白ができたのは、もとここに天白社があったからである。

字地に天白の名がのこるところはかつてそこにかならず天白社があった。上伊那中川村片桐の荒井元治さんは、「天白（天伯）は土地の検地（測量）の基準点にした処《ところ》」で、「社宮司（尺神）は測量を終えてモノサシを納めた処」とし、「天白の地名の有る処を中心に行事が行われた」が「決して村の中心ではな」く、「一集落（村）に天白の地名は一個所あるやに思える」と書いている。

荒井さんは役場の土地係をし、先輩からきいたこととご自分の経験で、こう書いた。検地の縄《なわ》をシャグジに埋めたということは、藤森栄一も書いていたが、わたしの住む藤沢市辻堂の田畑神社（テンバコ）も、検地の縄を埋めたと伝承されている。

松本市島立の丸山光晴さんは、わたしがナハタヒメの「乳母の宮」を、北栗の「御乳の宮」ではないかとしたのについて、ここの祭神はタマヨリヒメ（またはトヨタマヒメ）だが、長野史の権威一志茂樹さんも、この社をふしぎな興味ある社とし、越智氏の氏神ではないかとしている、と書いてきた。また、南栗に天白社があること、島立の堀米から荒井への田の中の道をいまでも「天白道」といい、もとこの道付近に天白社があり、これが松本の天白社へうつったという伝承があること、を記している。

豊橋市の岩瀬延雄さんは、再度お便りをくれ、先便ではよくわからなかった鈴木家と（在豊橋の）天白社・熊野神社・白山社・伊雑宮との関係を、刻明に書いてくれた。この中に鈴木伊予守（代々そう名のる）に、天白は何の神かときいたところ、「古い神で地の守り神で、先祖が伊勢の地から持って来た」と答えたことも書かれている。

この二月はじめ、わたしはテレビ番組「真珠の小箱」で〈天白信仰〉をとりあげた。このとき伊勢神宮の「天白」神楽を、画面に出したいと思い、プロデューサーも努力してくれたが、すでにとだえて復元できないということであった。このことはこの神楽の奉仕者が、神宮側のものでなく、在地の農民であったことを推測させる。しかし残念であった。気をつけているが天白の画像もない。天白のイメージはこれを真剣に追うものの心の内にしかみえないものなのであろうか。

（昭和52年3月19日）

▼追補

〈天白紀行〉は、私の住む辻堂の天白さん（田畑神社）から始まった。その田畑神社を、じつに半世紀ぶりに訪ねてみた。この本の冒頭に、私が出会ったさいしょの天白さんの写真をいれておきたいと、出かけたのである。おおげさにいうと世紀の替わり目をはさんだ半世紀である。辻堂のテンバコさんはやはり変わっていた。

六十余年前に辻堂に引っ越してきて、ものの一〇年ほどたって訪ねていったテンバコさんの古びた小祠が、真新しい田畑神社に建て替えられたことは、この〈天白紀行〉の一回目（昭和52年1月6日条）に書いた。

その田畑神社は、場所をかえてやや東へ移されていた。祠はもとのままだがさすがに古びて、その分落ち着いた感じだったが、近づいて扉上の懸額を仰いで、衝撃を受けた。横書きに金文字で「社宮神」とあったからだ。

半世紀前、今の祠の前身の小祠をみにいったとき、辻堂ムラの当時の住人は、老人も若者も皆その小祠のことをテンバコ、テンパコと呼んでいた。数年後、新築の小祠は（新編相模国風土記による）田畑神社の札を掲げていた。

いま田畑神社は、かつてムラ中央だった十字路交差点から東、辻堂東町の住民によって、手厚く祭られている。ここへ引越してはじめて鳥居が作られた。石製の立派なもので、くぐってすぐこの新地への移転、改装に協力した東町住民の名を記した黒御影石の寄進表がある。そのいちばん上に、左から社宮神（田畑神社）と、ここにも社宮神の名が刻まれている。あきらかに天白変じてシャグジとなったのである。これは、八世紀に、諏訪大社の神格がミシャグチ・洩《もり》（守）矢《や》氏の祭政体から、ミナカタトミ（その后が天白のむすめヤサカトミ）・大祝《おおほり》祭政体に変わったのとは逆の、現代での神格の振り替わりである。

本書一六六頁で、松本市（藤沢市と姉妹都市である）里山辺新井の「辻堂」の大きな欅の下に大天白稲荷社があることを書いておいた。藤沢市辻堂町の天白社はなぜシャグジ（社宮神）に変えられてしまったのか。思うに、二六一頁に記したように、信濃（長野県）では上伊那や諏訪で、封建制時代（安土桃山時代の太閤検地から江戸時代の諸藩の検地まで）、検地の縄（土地の面積を計った物指し）をシャグジ（尺神とも書く）に納めたと伝承されている。わが辻堂の天白にも検地の縄を納めたという伝承がついていた。検地の縄が納められたのはシャグ

ジだ――そうと知った人がいて、テンバコ（田畑神社）がいつしかシャグジにとってかえられたのではないか。私は、懐かしい田畑神社祠が東町住民によって手厚く保存されていたのに安堵しながら、しかし、肝心の天白が消えたことに困惑して、しばらく社前に佇んでいた。数少ない相模（神奈川県）の天白である。一つといえども消失させてはならない。切にそう願っている。

（2016年4月16日）

▼追補　天白一覧

武蔵の天白

	社名／地名	祭神	所在地	備考
①	大天白古祠		熊谷市箱田（市役所の北）	
②	大雷《おおいかづち》神社	別雷神	熊谷市新島字大天白	
③	大電《だいてん》八《ぱ》公《く》社	別雷神	熊谷市三ヶ尻字十六間	
④	大天白		熊谷市久保島字大天白	
⑤	大天魄		熊谷市上之字大天魄	
⑥	大天白社		熊谷市上中条字前島河内	浜島家氏神
⑦	大天白社		熊谷市万吉字前平塚	明治 42 年氷川神社に合祀
⑧	大天白神社		さいたま市浦和区間宮	旧村持、現小社
⑨	大天白社		行田市谷郷	
⑩	大天獏		行田市持田	明治 8 年の「武蔵郡村史」に見えず
⑪	大天白神社	大山祇命、大己貴命、少名彦名命	羽生市羽生字簑沢	春祭 4 月、秋祭 10 月
⑫	大天白神社		深谷市本田字天白	
⑬	台天白社	大山祇命	深谷市藤沢台天白	八幡社に合祀　百日咳に効く
⑭	大天獏社	大山祇命	深谷市江原字大天獏	百日咳、雨乞いの神、明治 43 年冨士神社に合祀
⑮	大天白社		大里郡寄居町末野字金場	明治 42 年末野神社に合祀

伊勢中南部の天白

	社名／地名	祭神	所在地
①	天白社		多気郡大台町下楠字天白谷（川添神社へ合祀）
②	天馬駒社跡		松阪市東黒部町（二十五柱神社へ合祀）
③	天白社跡	天長白羽神	松阪市高木町
④	天白社跡		松阪市古井町
⑤	天白祠		松阪市飯南町桁川
⑥	天伯神社跡		松阪市飯高町宮本字天伯（乳峰神社へ合祀）
⑦	天白神社		松阪市曽原町 890
⑧	天白祠		津市香良洲町字天白（香良洲神社へ合祀）
⑨	天白八王子祠		松阪市嬉野上小川町
⑩	天白八王子祠		津市長岡町
⑪	天白天王祠		津市河辺町
⑫	天白天王跡		津市高野尾町
⑬	天白社跡	伊邪那岐大神	亀山市両尾町平尾（弥牟居神社へ合祀）
⑭	天白祠跡		亀山市井尻
⑮	天白祠跡		亀山市太森町太田
⑯	天白社跡	伊邪諾命	亀山市両尾町原尾（弥牟居神社へ合祀）
⑰	天白社	天白羽神	伊勢市神社港字天白、西天白（八幡宮境内に移す）
⑱	天白		四日市市中村町字天白／萱生町字天白
⑲	天白		伊勢市上地町字天白
⑳	天白		伊勢市粟野町字天白
㉑	天白		伊勢市佐八町字天白
㉒	天白		伊勢市津村町字天白
㉓	天白		度会郡度会町栗原本郷字天白
㉔	天白		度会郡玉城町妙法寺字天白
㉕	天雨拝現神社	天白神	多気郡明和町坂本（中麻続神社へ合祀）
㉖	天白		多気郡明和町斎宮字天白
㉗	天白		多気郡明和町大淀
㉘	天白		松阪市西野々
㉙	天白社跡		松阪市大阿坂町字天白（大阿射加神社に合祭された）

※　〈天白紀行〉は1977年中日新聞に連載されたが、5年後、私の許に三渡・謎の天白（1982年）が送られてきた。右に掲げた「伊勢中南部の天白」を見て、私は恥じた。「麻続さん」を確かめに行ったのはいいが、伊勢中南部の天白は一つとして取材しなかった。このリストは、野田精一、村瀬正則、蜂谷季夫の教示による、とあるが、西野儀一郎による天白地名もいれて、29もの天白を示している。

※　所在地名は2016年4月現在のものに改めた（編集部）。

伊勢北部の天白

	社名／地名	祭神	所在地
①	天伯社跡		鈴鹿市八野町字天白
②	天白神社	胸形三女神	鈴鹿市北玉垣町字島
③	天伯社跡	品陀和気命	鈴鹿市安塚町（安塚の開墾主阿自賀徳兵衛の鎮守。阿自賀神社に合祀された）
④	天伯祠跡		鈴鹿市長太旭１丁目
⑤	天白社跡		鈴鹿市平田本町
⑥	天白社跡		鈴鹿市山本町（椿大神社末社天白羽社）
⑦	天白社	田心毘売命、市杵島比売命、宮津比売命	四日市市日永２丁目（大宮神明社へ合祀。川上から流れてきたという）
⑧	高角神田天白神社	菊理比売命、天照大神他一柱の２説あり	四日市市寺方町
⑨	天白社跡	天真名鶴命	四日市市水沢町
⑩	天白社跡	天照大御神（石碑）	三重郡菰野町杉谷字旭（熊野神社へ合祀）
⑪	多比鹿神社	多比理志麻流美神、正哉吾勝速日瓊瓊杵尊正成山祇神の３説あり	三重郡菰野町田光（俗称天獏（天白）明神）
⑫	天白社跡		桑名市島田（櫛田神社社頭に小祠あり）天白道（地名）
⑬	天白社跡		いなべ市大安町高柳（猪名部神社へ合祀）
⑭	天白社跡	天照大明神、天白明神、開拓者の祖霊、天の白羽神の４説あり	いなべ市大安町宇賀（菟上神社へ合祀）
⑮	御厨天白神社	天照大神	いなべ市員弁町楚原（神体石棒、神紋三本足の烏）
⑯	天白社跡	長白羽神	いなべ市北勢町麻生田(麻生神社へ合祀。神体石棒、代々の禰宜伴氏は伊勢神宮へ麻糸奉納の記録を保管。麻生田には古墳後期の大天白古墳（王塚）があり、麻績連、天白さまの墓と伝承する)
⑰	天白社跡		いなべ市藤原町大貝戸（文化 10 年に再建した天白大明神があった）
⑱	本郷神社	天白大神 天照大神 八幡大神	いなべ市藤原町本郷（天白大神が祀られていたが、天保年間に八幡社、神明社を遷し、明治８年に本郷神社と称した。付近に天白池あり）
⑲	天白社跡	天白羽神	四日市市水沢町山之坊
⑳	天白社跡	天白羽神	四日市市川島町（御薗川島神社へ合祀）
㉑	麻績神社	天白羽神	三重郡菰野町吉沢字天白（鵜ヶ原神社へ合祀。旧号天白大明神）

美濃の天白

	社名／地名	祭神	所在地	備考
①	天白		大垣市墨俣町下宿	
②	天白社	弥都波能売神	岐阜市正木	白山神社に合祀
③	おてんばくさま		可児市土田安定	
④	テンバコ		土岐市鶴里町細野	
⑤	天白大神		恵那市笠木町河合小坂	河合神社に合祀

尾張の天白

	社名／地名	祭神	所在地	備考
①	天白社	建御名方神	下野（扶桑町伊勢帰字北寺子）	椙埜神社に合祀
②	天白		上野（犬山市）	三渡は①②を同じとする。
③	天白・天白松下・天白池下		稲置（犬山市）	犬山天白、犬山天白松下、丸山天白町あり
④	天白社		小池正明寺（稲沢市）	小池２丁目の小池神社に合祀
⑤	天白		奥田（稲沢市）	湿田の地で田畑、田畠とも記した（奥田田畑町あり）。西南の大矢に手白明神
⑥	天白社	水破之女命	下大留杁之口（春日井市）	大留町の神明社に合祀
⑦	弁天天白社		押切（名古屋市西区）	上名古屋２丁目の宗形神社内
⑧	天白		中志段味（名古屋市守山区）	庄内川畔
⑨	天白社	天穂日命	下品野（瀬戸市落合町）	
⑩	天白		本地（瀬戸市）	
⑪	天白		天白（名古屋市天白区）	天伯町八事、同野並、同島田、同植田あり
⑫	天白社		鳴海（名古屋市緑区）	成海神社内に熊野日白祠として残る
⑬	天白		傍示本（東郷町春木）	水田地
⑭	天白社	太田命	沓掛（豊明市）	伝寛文２年（1662）創祀、棟札に田畠神社とある。住吉神社に合祀。天白池もある。沓掛町天白あり

知多半島の天白

	社名／地名	祭神	所在地	備考
⑮	天白社	速秋津比咩	中島（知多市八幡）	信濃川畔の水田の中
⑯	天白		緒川（東浦町）	岡田川畔の水田
⑰	天馬駒大明神祠		板山（阿久比町）	福江田川右岸の湿田に立地。歯痛の神。熊野神社に合祀。天白地蔵が安楽寺にある。
⑱	天白		角岡（阿久比町椋岡）	
⑲	天白の森		内海（南知多町）	
⑳	天博社		須佐（南知多町豊浜）	中洲神社にあった
㉑	天白社、天白	国常立尊	中之浦（南知多町豊浜）	影向寺の西か

西三河の天白

（＊印は鈴木和雄もあげたもの）

	社名／地名	祭神	所在地	備考
①	天白社	天児屋命	東端町字天白（安城市）	元和4年（1618）住吉天白社、元14年（1701）天白宮と記す。海岸段丘上に立地、明治10年10月24日八剣神社(祭神スサノオ)末社として移転。附近に天白貝塚（鎌倉時代）＊
②	天白・南天白		来迎寺（知立市牛田）	猿投川河岸段丘上
③	天白		小山（刈谷市）	乾田に立地する
④	天白		井ケ谷（刈谷市）	境川支流低地に立地
⑤	天白神社	天香々背男命	市子（西尾市）	神明社末社（大宮西）。水田中
⑥	天白		熱池（西尾市）	水田中
⑦	天白社	天白姫神	上永良（西尾市）	宮東の神明社へ合祀。水田に立地
⑧	天白社、天白	天香々背男命	富田（西尾市吉良町）	細越字天白から大正2年9月28日に、祭神スサノオの富田神社の末社に移祀。水田に立地＊
⑨	天白社	天白之大神	荻原（西尾市吉良町）	細畑から大道通の羽利神社へ大正2年に合祀＊
⑩	天白社		津平（西尾市吉良町）	現在志葉都神社(祭神 建津牧命)内。なお同社に天白社2社あり＊
⑪	天白・上天白		深溝（額田郡幸田町）	寛永10年（1633）検地帳にみえる城跡
⑫	天白社・天白	瀬織津比咩	長嶺（額田郡幸田町）	安産の神古杉一本を神木とし、小祠
⑬	天白		福岡（岡崎市）	砂川畔の水田に立地
⑭	天白社	瀬織津姫命	羽根町字西郷（岡崎市）	明治10年10月西郷稲荷神社に合祀。旧地不明＊
⑮	天白		宮地（岡崎市）	低地帯
⑯	南・北天白		上和田（岡崎市）	低地帯
⑰	天白神社	瀬織津姫命	福島新田（岡崎市天白町字吉原85）	独立社、矢作川東堤畔に祀る祭日10月9、10日＊
⑱	天白社	瀬織津姫	明大寺向山（岡崎市）	明治43年7月9日六所神社へ合祀＊
⑲	天白社	瀬織津姫	明大寺天白前（岡崎市）	明治43年7月9日六所神社(徳川家康の産土神）へ合祀＊
⑳	天白大明神		康生町（岡崎市）	菅生神社内に祀る
㉑	天白		和合（岡崎市美合町）	山綱川畔に立地
㉒	天白		大柳（岡崎市）	青木川上流の郡界川沿いの山畑の地
㉓	天白社	瀬織津姫命	旧宮崎村大字中金字万足（岡崎市）	明治10年2月同村明見の宮崎神社（祭神牛頭天王）へ移転、大正2年1月18日合祀＊
㉔	天迫〔原文ママ〕		郷上（豊田市鴛鴨町）	鴛鴨城址　※「矢迫」の誤記か
㉕	天白		下林（豊田市）	
㉖	天白・上天白		八草（豊田市）	階段状水田地帯
㉗	天バク		山ノ中立（豊田市）	矢作川支流神越川山陰の地
㉘	天伯神社	瀬織津姫神	栃ノ沢砂田（豊田市）	
㉙	天伯神社		中之御所東貝戸（豊田市足助町）	天白橋あり
㉚	天白		笹戸（豊田市）	

東三河の天白

	社名／地名	祭神	所在地	備考
①	天白		中山（田原市）	天白川もある
②	天白		浦（田原市）	
③	天白		神戸（田原市）	
④	天白		豊島（田原市）	
⑤	天白社	宇迦御魂神	片神戸（田原市相川町）	三島神社内
⑥	天白社	宇迦御魂神	貝場（田原四六連町）	海岸にあったが浜田神社に合祀
⑦	天白社	豊受姫神 (一説に天照大神)	老津（豊橋市）	天獏御前と称す。老津神社に合祀
⑧	天伯神社、天伯	宇迦御魂神	高師（豊橋市畑ヶ田町）	正和9年（1320）創祀。祭日10月14日・15日。天伯ヶ原あり。江戸時代には天伯山と称した
⑨	天獏		磯部（豊橋市一色町）	
⑩	天白社	稲倉魂之命	牟呂（豊橋市東脇3丁目）	牟呂八幡社に合祀
⑪	天白社	宇迦之御魂神 天照大神 天白大神の三説	岩崎山ノ神（豊橋市岩崎町）	鞍掛明神内
⑫	天白権現	天長白羽神	羽田（豊橋市大手町）	現在天白稲荷社として神明町神明社内に祀られる
⑬	天白祠		飽海（豊橋市）	吉田城内に在った
⑭	天白祠		八反ヶ谷（豊橋市下条西町）	
⑮	天白社	素盞嗚之命	堀之内（豊橋市下条東町）	比売天神社内に祀る
⑯	天白		柑子（豊川市）	
⑰	天白社	国常立尊	犬之子（豊川市院之子）	慶長5年（1600）の棟札
⑱	天白神社	宇迦之御魂神	樽井（豊川市）	素盞嗚神社末社
⑲	天白社		上佐脇（豊川市御津町）	
⑳	天白神社、天伯	天白天王 須佐之男命	三谷七舗（蒲郡市三谷町東2丁目）	
㉑	天白神社	建速須佐之男命	細川大沢（新城市）	古称天白大神宮、天白宮。現在細川神社内
㉒	天白大神		田代（新城市作手田代）	天白神社と刻んだ自然石が御嶽神社内
㉓	天白社		田口（北設楽郡設楽町）	
㉔	天白渡ノ大神		上貝津（北設楽郡東栄町月）	六社神社内に在り
㉕	てんぱこ様		奈根字中在家（北設楽郡東栄町）	祝殿、祟る神
㉖	天伯様		上黒川（北設楽郡豊根村）	下黒川の花祭では天白用の御幣を作る
㉗	天白様		猪古里（北設楽郡豊根村坂宇場峯）	塚で折柴を供え祀る
㉘	天白神社		黒田（豊田市）	近くに高さ10メートル余の岩があり、この岩に登ると天白様が下の箱渕に叩きこむと伝える
㉙	天白社跡		上平井村（新城市）	

諏訪の天白

	社名／地名	祭神	所在地	備考
下諏訪町				
①	大天狛《てんぐ》社		天白町	祭日 10 月 15 日。諏訪大社春宮上。天白古墳
諏訪市				
②	河天白		赤沼（四賀）	奥野氏氏神。祭日 10 月 28 日
③	大天白社		中金子（中洲）	岩波氏氏神。宮川畔
④	大天伯社	五十猛命	大熊 (湖南)	旧村社。祭日 9 月 15 日。上社の地つづきで「大熊の三天白」と言われ、祭ったのは大祝直属だった
⑤	北ノ大天伯社	五十猛命	大熊 (湖南)	旧村社。祭日 9 月 15 日
⑥	大天伯社	五十猛命	大熊 (湖南)	旧村社。在地不明
茅野市				
⑦	大天伯社		塩原田（米沢）	土神。祭日 7 月 15 日。岳の扇状地。古墳群。
⑧	大天白社	稲倉魂命	和田 (玉川)	土神。祭日 5 月 1 日。岳の扇状地
⑨	大天白社		古田（豊平）	土神。岳の扇状地。天白屋敷と云う
⑩	大天伯社		塚原	竹村氏氏神。岳の扇状地
⑪	大天伯社		塚原	土神。祭日 9 月 15 日。岳の扇状地
⑫	大天伯社		塚原	土神。祭日 9 月 15 日。岳の扇状地。藤之森古墳
⑬	大天白社		横内（ちの）	大矢嶋氏氏神。岳の扇状地末端段丘際
⑭	大天白社		横内（ちの）	四軒矢島氏氏神。岳の扇状地末端丘際
⑮	大天白社		横内（ちの）	矢崎氏氏神。祭日 9 月 15 日。岳の扇状地末端段丘際
⑯	天白七五三社	矢塚雄神（蟹河原長者）	横内（ちの）	土神。祭日 9 月 15 日。岳の扇状地末端段丘際
富士見町				
⑰	大天伯社		机（落合）	中山氏氏神
岡谷市				
⑱	大天白社	稲倉魂命	夏明（川岸西）	村持土神。祭日 4 月 3 日。天白橋あり
⑲	魔王天白飯縄神社		花岡（湊）	

水内の天白（1）

（今井野菊『大天白神』による。※⑰は欠番）

1	長野市信州新町		
	社名／地名	所在地	備考
旧津和村			
①	天白神社	山上条大河	9尺四方　社祠
②	天白社	〃　茂管	祠跡
③	天白神社	〃　橡之木	2間・1間　社祠
④	天白社	〃　西日時	木祠
⑤	天白社	〃　赤芝	木祠
⑥	天白社	〃　松之木	社跡
旧越道村			
⑦	天白社	越道細尾	小祠
⑧	天白社	〃　穴尾	小祠
⑨	天白社	〃　菅沼	社跡
⑩	天白社	〃　栃久保玉泉寺所有	小祠
⑪	天白社	〃　字越道	小祠
⑫	天白社	〃　尾崎	小祠
旧山穂刈村			
⑬	天白社	山穂刈外味藤	小祠
⑭	天白社	〃　土橋	小祠
⑮	天白社	〃　曲尾	社跡
⑯	天白社	〃　蟻尾	小祠
旧里穂刈村			
⑱	天白社	里穂刈	武原氏祝神　石祠
旧水内村			
⑲	天白社	水内穴平	社祠
⑳	天白社	〃　向山	石祠
㉑	天白社	〃　桐久保	大西氏祝神　祠
㉒	天白社	〃　平水内	小山氏祝神　社跡
㉓	天白社	〃　寺尾	祠
㉔	天白社	〃　安用	小祠
㉕	天白社	上条藤内	小祠
㉖		〃　矢ノ尻	小祠
旧牧郷村			
㉗	天白社	旧牧郷村田中	穂刈氏々神　祠
㉘	天白社	〃　下中山	祠跡
㉙	天白社	〃　小峯	社跡
㉚	天白社	〃　中原	社跡
㉛	天白社	〃　竹房	小祠
㉜		〃　竹房	小祠
旧日原西			
㉝		日原西置原	小祠
旧中級村			
㉞	天白	信級長者山	山の名称
㉟	天白社	〃　大月	畑の小字
㊱	天白社	〃　宮平	祠
㊲	天白	〃　左右	地名のみ　社跡あり

水内の天白（2）

2　長野市中条		
㊳天白社	旧中条村上長井	小林信男氏祝神　社跡
㊴天白社	〃　月夜棚	
㊵天白社	〃　百瀬	小祠
㊶天白社	〃　塩本	小祠
㊷天白	〃　桜出	畑の小字　屋号
㊸天白社	〃　大柿	大日向今朝秋氏　祝殿
㊹天白社	〃　矢原	大日向義久氏　祝殿
㊺天白社	〃　母袋	小祠
㊻天白社	〃　里原	社跡
㊼天白社	〃　地京原	
㊽天白神社	〃　角井	旧村社・区の鎮守　2間・1間の祠
㊾天白社	〃　大野	
㊿天白社	〃　天間	宮崎氏氏神　祠
51 天白社	〃　穂高	
52 天白神社	〃　田頭	村東側の氏神　石祠
3　長野市信更町		
旧更府村・信更村		
53 天白社	吉原中峯	矢嶋氏祝神　祝殿
54 天白神社	〃　安庭	耳たれの神さま　9尺・6尺　祠
55	〃　宮平	巨樹の切り株あり　石碑に明治43年合祀とあり　祠跡
56	〃　桜井	石浦氏祝神　祝殿
旧信田村		
57 天白社	旧信田村小日向	祠
58 天白社	〃　高野	高野氏祝神　祝殿
59 天白社	〃　日向	唐木氏祝神　祝殿
60 天白	〃　灰原	祠跡
61 天白社	〃　上赤田	小山氏祝神　祝殿
62 天白	〃　浅野	地名
63 天白	〃　〃	地名
4　長野市篠ノ井		
旧信里村		
64 天白社	旧信里村村山	祠
65	〃　十二	社跡
旧篠ノ井町		
66 天白神社	旧篠ノ井町下石川	火伏せの神　祠
5　長野市七二会		
67 天白神社	旧七二会村平出	
6　長野市大岡		
68 天伯神社里宮	旧大岡村葦尻	
69 天伯神社奥宮	〃　俵	
70 天伯神社	〃　南小松	
71 天白社	〃　河口	犀川の中洲にあり　祠
72 天白社	〃　代	池田氏祝神　祝神

水内の天白（3）

7　上水内郡小川村			
⑬	天白社	小川村高府二反田	氏神
⑭	天白社	〃　佐峯	
⑮	天白社	〃　花尾	
⑯	天白社	〃　栗木	
⑰	天白	〃　鶴巻田	畑の地名
⑱	天白社	〃　椿峯	
⑲	天白社	〃　渦巻	
⑳	天白社	〃　高山寺	
㉑	天白	〃　法地	
㉒	天白社	〃　塩沢	
㉓	天白社	〃　裏立屋	小祠
㉔	天白社	〃　日影	山の峯に石祠
㉕	天白	〃　古山	
㉖	天白社	〃　久木の穴尾	かぞ沢氏祝神　祝殿
㉗	天白社	〃　夏和	祠
8　上田市			
㉘	天白神社	旧泉田村日向千曲川端	鈴木神社
9　東筑摩郡麻績村			
㉙	天伯神社	旧日向村桑関	松本藩松代藩関所に祀る
㉚	天白社	〃　上井堀	
㉛	天白社	〃　玉根	
10　大町市八坂			
㉜	天白社	旧八坂村舟場	坂井氏祝神　祝殿
㉝	天白神社	旧　〃　二滝	二間・九尺　祠
㉞	天白社	旧　〃　布宮	松井氏祝神　祝殿

※　各氏族の本家の屋敷神が氏神となり、この場合には「庭天白」と呼ぶ。

水内の天白（4） （元禄 10 年 松代藩堂宮改帳に依る天白神）

	社名	所在地	備考
①	天伯社	八町村	村持
②	天白社	仁礼村日向	村持
③	天白社	仁礼村四畑	村持
④	大天白社	北郷村	村持
⑤	十二天白社	山布施村	村持
⑥	十二天白社	五十里村	武兵ェ祝神
⑦	十二天白社	五十里村	勘兵ェ祝神
⑧	天白社	専納村	半之丞祝神
⑨	天白社	中条村	藤右ェ門祝神
⑩	天白社	青木村	弥五兵ェ祝神
⑪	天白社	上野村	儀右ェ門祝神
⑫	天白社	田之口村	村持
⑬	天白社	田之口村	村持
⑭	天白社	吉原村久保	村持
⑮	天白社	吉原村久保	村持
⑯	天白社	吉原村久保	村持
⑰	天白社	中牧村	村持
⑱	天白社	南牧村	村持
⑲	天白社	石津村	村持
⑳	天白社	大岡村河口	村持
㉑	天白社	宮平村	村持
㉒	天白社	宮平村	村持
㉓	天白社	山平林村	村持
㉔	十二天白社	安庭村ちゃ木	村持
㉕	十二天白社	水内村西久保	村持
㉖	十二天白社	本道村	村持
㉗	天白社	寺尾村	村持
㉘	天白社	中沢村	村持
㉙	天白社	中沢村	村持
㉚	十二天白社	水内村根久保	村持
㉛	天白社	上条村矢ノ尻	村持 ※宮井伊勢宮共文化七申年和談之上相成彦右衛門持となる
㉜	十二天白社	越道ふくと村	村持
㉝	十二天白社	栃窪	村持
㉞	天白社	鹿谷村	村持
㉟	天白社	小鍋村	村持
㊱	天白社	小鍋村平石	村持
㊲	十二天白社	岩草村	平左ェ門祝神
㊳	天白社	栃木村	兵三郎祝神
㊴	十二天白社	伊折村	兵左ェ門祝神
㊵	十二天白社	伊折村	次郎助祝神
㊶	天白社	花尾村	源兵ェ祝神
㊷	天白社	上野村	武兵ェ祝神

あとがき

私が天白を追いかけ考えはじめたのは、今井野菊さんの志にうたれてのことである。野菊さんは旧宮川村に生まれた。宮川村には諏訪大社の前宮があった。前宮は現人神、大祝の居館（神殿《ごうどの》）で、大祝は即位式で天白を祭った。野菊さんは生まれ育った旧宮川村誌をつくろうとした。自分の生まれた所がどういう所だったのかを忘れないためである。徒手空拳、野菊さんの奮闘がはじまった。

私が野菊さんを訪ねたのは、一九七一年である。人はどこから来て、どこへ行くのか。野菊さんは、それを、自己が生まれた宮川村の歴史をたどるという形で、追いはじめていた。私は一九六八年から『道の思想史』を書きはじめた。たくさんのことに関心（興味）をもち、それらを禁欲せずに追うことで、自分の人生の軌跡が形づくられてきた。それを、自分の存在史《ありようのあと》として確かめたい、という思いで書きだしていた。哲学出にしては私は思弁に向かない。思弁よりも現象《あらわれたかたち》に興味が向く。だからいつも諸現象の現地を訪ねそこに立って、まず見る。見つづけているうちに考える端緒（始元）がつかまえられてくる。七一年は、木曽路、諏訪、伊那谷、遠江と取材し、その紀行を書いた。関心の焦点は諏訪にあった。訪ね歩いているうち、そういうことでしたらあの方を訪ねたらという人がいて、野菊さん宅を不意に訪うたのである。

そして野菊さんの志を知った。自分のしたことはすべて途上報告です、そのすべてをさしあげますから、どうぞシャグジ、天白のことを研究してください。この言葉に、私は、打たれた。打たれたから、『道の思想史』Ⅲ部（一九七二・一～一二）『道の神』Ⅱ天白（一九七二・一〇）、そしてこの〈天白紀行〉（一九七七・一～三）と、三度も天白を追いつづけた。天白は、野菊さんと私との人生が交錯した歴史的な現象だったのである。

学生時代、召集されたら死と覚悟したのに、思いもかけず長生きして、齢九〇をこえた。三〇年前の還暦にあたり、自分の能力に見切りをつけ、趣味として読んできた日本（書）紀の研究だけを残し、他はすべて捨てる決心をした。天白についても、野菊さんに心に寛恕を乞うて、捨てた。三〇年ほどたって、日本（書）紀はこうとしか読めないという結論に達し、これを本にしようという気持ちになった。それでわが紀伝『日本書紀の研究ひとつ――ジョン・ロックのように日本書紀を読んだなら』をまとめだした。

人生とはふしぎな展開をすることがある。しかし展開してみると、ああ、こうなってもっともだったのだと合点され、ふかい感慨にひたる。日本書紀の書き上がった原稿を渡しおえ、ひと安心した同じ週に、名古屋市天白区の樹林舎、折井克比古さんが訪ねてきて、半世紀近い〝昔〟の〈天白紀行〉を本にしませんか、と言う。三〇年来の書紀のことだけという縛りが、ついさっき解けたばかりである。ちょっと前なら断ったはずなのに、私は偶然の時の配慮を感じながら、おおげさに言えば、二〇世紀に捨ててきた〈天白紀行〉を二一世紀になって拾うことにした。時の偶然をはこんでくれた折井さんに謝辞を呈します。

しかし昔の〈天白紀行〉には、いろいろの不足が大小となく目につく。大には補を書き足し、小は書き添えたり削ったりした。〈天白紀行〉もふくめ一九七〇年代には、自分のことをひら仮名で「わたし」と書いていた。今は「私」と書く。本文中に「私」と書いた文があれば、小さな書き足しをした部分とみてください。

私は諏訪大社の祭神については、生涯の知人のひとり、考古学者の藤森栄一『諏訪大社』の説をひきついでいる。井伊谷の古代史については、もう一人の考古学者辰巳和弘『聖なる水の祀りと古代王権――天白磐座遺跡』から教えられた。藤森さんは、森本六爾につらなる草創期の考古学者の一人でありながら、諏訪に腰をすえ、地域の解明からぶれなかった。この人と知り合えたのは、私の人生の中のいぶし銀のような頁なのである。辰巳さんとは未見だが、考古学から、日本文化の深層を象徴する諸現象を見つづけているのに、共感する。見えるものから見えないものを見、無声をも見るのが、人文科学の精神だからである。

二〇一六年二月二一日

山田宗睦

付記　〈天白紀行〉で一番初めに取材したのは志摩で、神麻続機殿神社へ廻ってきたとき、陽はすでに中天をまわっていた。暑い夏の午后、取材を終え汗だくでもどってくると、クーラーをかけた車内でラジオ・ニュースを聞いていた息子が、「カクエイがつかまったぞ」と言った。このとき学生だった息子がすでに還暦をこえ、一人孫が結婚してママになり、ひ孫がはや四歳である。長い長い人生だったが、その終わりに、日本書紀と天白が交錯して、まことにたのしい充足感をえた。蛇足を記して、生涯ふれあったすべての人に感謝したい。

去年《こぞ》今年
生きに生き来《き》し
涯《はて》なれや
歩き初《そ》めにし
始元《はじめ》をぞ知る

著者／山田宗睦　1925年、山口県下関市生まれ。京都大学哲学科卒。東大出版会編集者、「思想の科学」編集長、桃山学院大学教授、関東学院大学教授などを歴任、現在、朝日カルチャーセンターで日本書紀を講じる。著書に『道の思想史』（講談社）、『道の神』（淡交社）、『山田宗睦著作集』（三一書房）、『日本書紀史注　全30巻』（風人社）、『現代語訳日本書紀上中下』『古代史と日本書紀』（ニュートンプレス社）など。最新刊は、30年間に及ぶライフワーク『日本書紀の研究ひとつ――ジョン・ロックのように日本書紀を読んだなら』（風人社）。2024年没。

人間社文庫 ‖ 日本の古層①

天白紀行　増補改訂版

2016年6月30日　初版1刷発行
2024年8月 6日　3刷発行

著　者　山田宗睦
編　集　図書出版 樹林舎
〒468-0052　名古屋市天白区井口1-1504-102
TEL：052-801-3144　FAX: 052-801-3148
発行人　大幡正義
発行所　株式会社人間社
〒464-0850　名古屋市千種区今池1-6-13　今池スタービル2F
TEL：052-731-2121　FAX: 052-731-2122
振替：00820-4-15545　e-mail：mhh02073@nifty.ne.jp

印刷製本　株式会社シナノパブリッシングプレス

＊定価はカバーに表示してあります。
＊乱丁・落丁本はお取り替えいたします。
©YAMADA Munemutsu 2016, Printed in Japan
ISBN978-4-908627-00-2 C0139